安住当下

[美]朱迪斯·欧洛芙 著
(Judith Orloff)

靳婷婷 译

Thriving as an Empath
365 Days of Self-Care for Sensitive People

中信出版集团 | 北京

图书在版编目（CIP）数据

安住当下 /（美）朱迪斯·欧洛芙著；靳婷婷译. -- 北京：中信出版社，2022.6
书名原文：Thriving as an Empath
ISBN 978-7-5217-4134-6

Ⅰ.①安… Ⅱ.①朱…②靳… Ⅲ.①心理学 Ⅳ.①B84

中国版本图书馆 CIP 数据核字（2022）第 054594 号

Thriving as an Empath
Copyright © 2019 by Judith Orloff, MD
This edition arranged with InkWell Management, LLC.
through Andrew Nurnberg Associates International Limited
Simplified Chinese translation copyright © 2022 by CITIC Press Corporation
ALL RIGHTS RESERVED
本书仅限中国大陆地区发行销售

安住当下
著者：　［美］朱迪斯·欧洛芙
译者：　靳婷婷
出版发行：中信出版集团股份有限公司
（北京市朝阳区惠新东街甲 4 号富盛大厦 2 座　邮编　100029）
承印者：　北京盛通印刷股份有限公司

开本：880mm×1230mm 1/32　　印张：13.25　　字数：285 千字
版次：2022 年 6 月第 1 版　　　　印次：2022 年 6 月第 1 次印刷
京权图字：01-2020-2623　　　　　书号：ISBN 978-7-5217-4134-6
定价：69.00 元

版权所有·侵权必究
如有印刷、装订问题，本公司负责调换。
服务热线：400-600-8099
投稿邮箱：author@citicpub.com

献给安·巴克

没有任何事比安住当下这一刻更为珍贵。
生机盎然,觉知一切。

—— 一行禅师

致谢	十二月	十一月	十月	九月	八月	七月
405	371	339	305	271	237	203
	学会珍惜，一切都是最好的安排	关注生活中美好的一面，与他人深度共情	善待身体，保持清醒的觉知	拥抱变化，感恩自己的进步	开怀大笑吧，敏感之心是一笔财富	悉心照顾自己，永远以爱为方向

目录

引言	重新找回时间——高敏感人群自我关怀的艺术	III
一月	珍惜我的敏感特质,感受与众不同的美好	001
二月	用爱缓解孤独,充满爱,吸引爱	035
三月	更新你的人生目标,每天都是新的一天	067
四月	释放焦虑,接受他人本来的样子	103
五月	关怀自我,保持终身成长	135
六月	去除我执,安住于当下	169

引言

重新找回时间
高敏感人群自我关怀的艺术

　　自我关怀对于所有高度敏感人士而言都是不可或缺的。如果能够带着正念和关爱每天练习，你的感知能力便会茁壮成长。

　　我在这本书中提供的日常自我关怀练习、视角以及冥想，将会助你成为一名充满同情心和力量的高敏感人士，同时又不去背负他人的苦痛或是试图"拯救"他人。每一个人都有权利走属于自己的道路。每天，我都会温柔地提醒你该如何充满爱意，同时免于落入相互依赖或自我牺牲的旋涡。

　　作为一名心理医生和高敏感人士，我致力于自我关怀练习，也会将这些练习的方法教给我的患者。我之所以如此热衷于这些练习，是因为我想要继续享受高敏感的厚礼——敞开的心、灵敏的直觉，以及与灵性和自然之间的紧密联系。思想感情的浅水区对我没有吸引力，我热爱潜至深处，而我的敏感则会将我带到那里。

　　尽管如此，如何富有同情心却不去吸收他人和世界带来的压力，对于所有高敏感人士而言都是一大挑战。我们并没有绝大多数人拥有的"过滤器",我们都是情感丰富的海绵,能够感知一切并不假思索地吸收一切。这与"普通"的同理心是有区别的——同理心是指,你虽然会因别人的痛苦或欢乐而动容,却不会将他人的感情背负在自己身上。

我们这群高敏感人士是会给予他人帮助、热爱以及关心的人,但这往往以牺牲自己的身心健康为代价,让我们付出太多。研究人员表示,我们的镜像神经元系统(大脑中负责同情的部分)异常敏感,可能会让我们身心俱疲。这样的生活,并不是我想要的。我虽然想充满爱,但过度的帮助或是吸收别人的负面情绪只会让我的感官过载,这对于我那敏感的身体和灵魂而言都是很痛苦的。与此同时,从长远来看,这样做对他人也没有任何助益。

要想保持身体健康和精神愉悦,你就必须用有效的自我关怀练习来武装自己,随时准备应对负面情绪。在这本书中,你会学到如何通过信赖直觉、划清界限以及保护能量来保持自己的身心平衡和完整。

高敏感人士身心健康的秘诀,就在于在感观过载将你吞噬之前将其势头阻断。我将在下文中分享曾经拯救过我的策略和心态,它们会让你在不知所措或情感受到刺激时迅速找回自我。

时间的神圣

时间弥足珍贵。度过一天的方式,能够对你的能量和身心健康产生重大的影响。时间给我们提供了一个成长的机会,而合理分配时间,则要靠你自己。我鼓励你张开双臂去迎接时光的流逝,而不是选择恐惧或视而不见。若能留心时间，你便能积极主动地做出选择，从而重新将时间找回。

平均来说，一个70岁的人，已经度过了22亿秒的生命。我们被赋予的每一刻都是神圣的——无论是伤痛、喜悦，还是介于二者之间的一切。这样审视时间，能够帮助你感受生命的神奇，无论你是在叠洗好的衣服，还是在喜马拉雅山上冥想。同时，这也能够让你注意到自己的时间是与谁共度的，这样一来，你就可以选择更能滋养身心的人际关系了。

古希腊人赋予时间的两种概念——"柯罗诺斯"（Chronos）和"凯洛斯"（Kairos）——能够帮你明智地安抚自己的敏感。"柯罗诺斯"指的是钟表上的时间，如秒、分、月、年。这种时间属于物质范畴，包括待办事项、截止日期、朝九晚五的工作，还有会让不擅长驾驭压力的人感到手足无措的社会责任。但如果你能够合理安排作息，为美好的体验创造空间，那么时间也能成为惊喜、美好以及乐趣的沃土。

相比之下，"凯洛斯"指的是一种神圣的时间，一种更适合高敏感人士的非线性的觉知。凯洛斯从属于灵魂的无限范畴，在其中，一切都按完美时序发生。你可以通过直觉、冥想、安静、观察万物共时以及其他我将会介绍的练习来达到这一状态。这本书将会帮你在时间之内的有限自我和时间之外的永恒自我之间达到平衡，让你不再受到时钟的束缚。

时间、自然以及光之周期

要想最大限度地利用每时每刻，一个秘诀就是留心自然的节律以及光的周期，这能为你补充能量，将你与生命的脉动相连。我在本书中着重介绍了以下四种策略，它们会对你有所帮助：

- 体验四季的力量
- 注意冬夏至和春秋分
- 观察月相
- 拥抱四大元素

体验四季的力量

四季是我们生命的标记与容器，它们不仅影响着气候、庄稼，也影响着我们的情绪和生命力，在一年中的某个时期，你或许会比另一个时期更加快乐，更有活力。一些高敏感人士或许会受到季节性情感障碍的影响，这是一种与光线匮乏有关的抑郁症，我也会针对这一点提供一些自我关怀的练习。感知你对四季变化的反应，能够将你与你的身体和地球的节奏联系起来，这能够更加有力地使你与自己的需求保持一致。

每个季节都有其独特的明暗变化和规律，也会对你的身体产生相应的影响。举例来说，当地轴一端偏离太阳，这一半球就是冬天，黑夜更长，天气更冷，许多地区也会出现极端天气。因此，我们或许会本能地在家中或向内心寻求庇护。到了夏天，正处于夏季的半球的地轴会朝太阳倾斜，这一半球则白昼更长，更加温暖，我们也会更多地将注意力投向外部。

本着拥抱四季和与四季同步的理念，本书从隆冬的1月1日开始，分为四个部分，每个部分都聚焦于相应季节的独特属性：

- 冬季：向内省察，感知真理
- 春季：重生，成长，复苏
- 夏季：激情，玩乐，丰裕
- 秋季：收获，改变，释放

这些周期的神奇之处在于，黑暗之后，永远有重生。万物无常，虽然四季的变化在某些地区并不那么明显，但日照的增减仍会影响你的情绪、能量以及作息。认真体会四季变迁（即使在我居住的变化不那么明显的美国加州），能够为你提供一个稳定的根基，让你在日常生活中更加如鱼得水。

有时候，你的身体节奏会与你在现实生活中的作息安排产生冲突。举例来说，在冬季，你的身体或许会说"慢下来"，但节假日的待办事项却会给你平添压力和任务。遇到这种压力重重的时刻，本书提供的包括划清界限在内的练习便会帮助你更快地恢复精力。

注意冬夏至和春秋分

二分二至可不是普通的日子，它们是供你补充能量、寻找平衡的特殊节点。针对冬夏至和春秋分，我会分别提供一段冥想，让你感受到这股生机勃勃的能量。冬至日是一年之中白昼最短的一天，也是静下心来、点燃内心之火的绝佳时机。夏至日是一年中白昼最长的一天，这是充分吸收日光的好机会。在昼夜等长的春分和秋分，你可以利用自然的平衡，改善自身的情绪、精神以及身体的平衡。

观察月相

在我 25 年的修习中，我总会在月相变化时进行特殊的冥想，以此向月相虔诚致敬。我们可以从自然的和谐中汲取智慧，并从中获得生机。月亮、潮汐、我们的身体以及整个宇宙都是彼此联系的，作为高敏感人士，汲取这些力量让我活力充沛。

你或许也想观察月相的变化，这是一个我从小保持至今的习惯。一直以来，月亮都是我挚爱的伙伴。新月意味着新的开始，许多高敏感人士觉得新月能带给他们平静的感觉。满月标志着生命节律的高峰，一些高敏感人士会在这个时期感到情绪紧张和烦躁。清楚自己对于满月比较敏感是件好事，这样一来，你就能调整自己的情绪。在你的日记或日历上标出每月满月和新月的日期，让这些周期激励你，重新找回那潜心观察宇宙、天空以及月相的最原始的自我，带着满腔惊喜，向自然的奇妙轮回致敬。

拥抱四大元素

高敏感人士往往钟情于探索火、气、水、土四大元素所带来的更为原始的体验。我将分享一些方法，教大家通过简单的活动和仪式来拥抱四大元素，比如纵情享受热水浴，躺在一块巨石上感受其力量，或是用火来取暖。古希腊名医希波克拉底教导我们，关注体内这些元素的平衡，能够改善我们的健康。每种元素各有其特质，它们可以赋予你活力并清除消极能量：火能够点燃热情，燃尽怨恨；水能够净化并消解一天的残余压力；土能提供稳固的根基；而气则代表着解除负担、轻盈以及空间。每个季节都与一个元素相对应：冬对应水，春对应气，夏对应火，秋对应土。在这本书中，你将会发现各种挖掘这些元素的力量和乐趣的方式。

如何使用这本书

本书以天为单位的行文方式，能让你切实可行地为每一天做好事前准备。阅读这些文字能够为你面对每一天的态度定下基调，并使你了解吸引正能量及转移负能量的方式。例如，要想在关键时刻（比如在紧张的会议前）消解压力，那就在你的日程安排中加入一段自我关怀的练习。即使只是几分钟的冥想，也能帮你集中注意力。一点点的自我关怀，就能带来深远的影响。对你的敏感特质保持尊重，这也是一种自爱的行为。

你可以用以下任何一种方式利用这本书。无论你选择哪一种，都请确立当日目标，集中精力感受感恩之心，体味每一瞬间的魔力。

按时间顺序阅读 要想充分收获在一整年中自我关怀的益处，那就从你拿到这本书的那天开始，按时间顺序持续阅读。每天早晨，腾出几分钟的时间安静地坐下来，认真思考文中传递的信息或将其记录下来，将这些信息运用在一天的生活中。

凭直觉翻到任何一页来寻求指导 深呼吸几次，让自己平静下来。准备好之后，让你的手随意翻到某一页，这会为你提供一条恰逢其时的信息。另外，你也可以向内求索，提出诸如"我该如何拥有更健康的人际关系？"这样的具体问题，然后，凭直觉挑选一页作为答案，并将练习建议付诸行动。

坚持写高敏感人士自我关怀日记 高敏感人士可以通过撰写

日记来给自己赋能。在日记中,你可以记录自己的情感和领悟,并对书中让你有所感悟的话题加以延伸。

我邀请大家和我一起踏上这段绕日一周的奇幻之旅。作为高敏感人士的我们,能够每日聚集在一起,对自己更加关爱,为我们的敏感赋能,这让我热血沸腾。希望这本书能成为你的挚友,也希望你能每日品读书中的文字,活出自己的精彩。

这本每日一读的书,这本围绕四季的书,是我对高敏感人士的良善之心和神圣时间的献礼。我最大的目标,便是为敏感之心和友善之心献上一份力量。作为高敏感人士,让我们为自己的生命以及诸多成长的良机而惊叹。每一天,生命的奥秘都会一点点揭晓。无论发生什么,继续去爱,继续深呼吸,继续仰望星空。在时间中,忆起你的永恒。

以轻松无忧的心态去感知万事万物的来去,这会让我们对生命的每一个瞬间充满感恩之心。

一月

珍惜我的敏感特质,
感受与众不同的美好

1月1日

珍惜你的敏感特质

元旦——每年的第一天的 24 个小时充满了魔力。这是一扇敞开的传送门，朝向新的开始和新的可能性，让你以全新视角审视作为高敏感人士的自己。腾出一些时间安静下来，细细思考你那敏感的天赋——你的直觉、深沉、创意、同情心，以及想要让世界变得更加美好的渴望，让自己去体味这些特质的宝贵。

元旦这一天是一个重拾自我关怀的绝佳时机。问问自己："我能怎样改变生活方式，从而更好地为我的敏感提供支持？我该如何成为一个关爱他人但又不把自己燃尽的人？我该用什么样的实践来为自己补充能量？"明确你的目标，能够为变化定下积极的基调。

禅宗中"初学者心态"的概念深得我心。这种概念能让你用全新的眼光审视自己，而不是通过老旧观念或成见的滤镜。从这一刻开始，将珍惜自己那敏感而博爱之心的力量奉为重中之重。

确立当日目标

今天和这一整年，我都会拥抱自己敏感的特质。我为自己感到骄傲。我想进一步发掘自己的潜力，成为一个强大的高敏感人士。我会练习各种自我关怀的技巧，来保护和滋养我的敏感之心。

1月2日

感受与众不同的美好

与许多高敏感人士一样,你也许觉得自己不属于这个世界。你对生命的感知是那么强烈,你的爱是那么深沉,有时候,想要找到彼此理解、志趣相投的人,真是举步维艰。

小时候,我总觉得自己与同龄人"不一样"——别的孩子喜欢去拥挤的派对和商场,我却更喜欢和我最好的朋友一起爬树或是写诗。作为独生女,我常常独处,将月亮和星星当作伙伴。我时常觉得,自己是一个地球上的外星人,等待着宇宙飞船把我带回真正的家。

与此类似,阿尔伯特·爱因斯坦曾说过:"我是一个真正的'孤独旅行者',从没有过归属感……我从未失去……对独处的需求。"

长大成人后,作为高敏感人士的我渐渐学会了欣赏与众不同的美好。"如果你觉得自己不适应这个世界,那是因为你来这里的使命就是打造一个更好的世界。"这句不知出自谁口的箴言,让我感触良多。

高敏感人士注定要为这世界带来光明。敏感是一种力量,而不是一个弱点。我欣赏每一个样貌、气质或思维与众不同的人。这个世界需要你们带来的改变。

确立当日目标

我要珍惜"与众不同"带来的美好。我要成为独一无二的自己,不允许任何人夺走我的力量。我要发出耀眼的光芒。

1月3日

并非"过度敏感"

我们中的许多人都从父母、老师、朋友或媒体那儿听闻,敏感是一种缺陷或弱点。带着平和之心重新评估你对自己的旧看法,比如"我太敏感了"、"我有问题"或者"我必须锻炼得心狠一些",这一点非常重要。这些自我谴责的信息并不正确。你是一个强大而有同情心的人,能为他人带来幸福。

高敏感人士的自尊心往往较低,因为他们会听信社会对他们的诋毁。每当有人批评你的敏感时,不要相信他们的话。你甚至可以友好地回应:"我很珍惜自己敏感的一面,请你也尊重这一点。"或者,如果这些批评的声音出现在你自己的头脑里,那就深吸一口气,重新整理心情。你只需对这些声音说:"不要再打扰我了。走开吧!"然后立刻告诉自己:"我的敏感就是我的力量。"对这些来自外部和内心的负面声音说"不",能够树立起你的自尊心。

确立当日目标

任何否定我的敏感、同情心以及爱心的理念,我都不会接受。我要在自己的生命中保持高敏感之心,也会在这个世界上倡导这样的价值观。

1月4日

直觉是我的挚友

直觉是你内心中那平静而微弱的声音，它向你轻声讲述着生命的真谛。直觉表现为本能反应、预感、顿悟、会意、梦境以及感知力。同时，也请听从身体发出的信息，问问自己："与人共处时，我的身体有什么感觉？是充满活力还是精神疲惫？这个决定让我的心感觉畅快还是缩紧？"高敏感人士拥有很强的直觉，因此听从直觉是至关重要的。

你可能会对自己的直觉心存疑虑，或者，理智会试图劝说你不要听信直觉。比如，你得到了一份高薪工作，但与新老板相处时，你的身体却感到疲惫不堪。或者，你为一个很棒的人倾心，但你的内心却告诉你"要小心"。如果不确定该如何继续，那么你可以慢慢来，留心观察每一步的效果。要想做出最佳决策，就要时刻考虑你的直觉。你的直觉希望你好好生活，活得精彩。学会信赖直觉，这对于你的自我关怀而言至关重要。

确立当日目标

今天，我要对内心想要传递的信息多加关注。我要感知身体发送的信息。我要听从直觉的建议，并留心效果。

1月5日

留出独处的时间

高敏感人士获得快乐的一个秘诀，便是创造足够的独处时间。这能够舒缓你的神经系统，减少感官负荷，让内心更加平和。从忙碌的生活中暂时解脱，显然是一剂良方。减压之后，世界会显得不再那么令人难以招架，你也能在与他人的相处过程中收获更多的乐趣。

想一想：哪种独处方式对你更有吸引力？你想要安安静静地在舒适的椅子上放松身心吗？你想要关上卧室的门，记录你的一天或是冥想吗？你喜欢在大自然中悠然漫步吗？在寒冷的天气里，你想要蜷缩在火炉边，手捧一杯热茶吗？细想一下，你需要独处多久才能重新焕发精神。

如果你的日程排得满满的，那就发挥创意。我偶尔也会遇到一整天里只能在公共厕所觅得片刻宁静的情况，这时，我就会在那里进行冥想！即使是几分钟的独处时间，也能使你的能量迅速恢复。

确立当日目标

今天，我要留出一些独处的时间，放松身心。我要从日常事务中抽身，静心休整。我要与自己和宇宙对话。

1月6日

安住于当下

想要让时间放缓,细细品味生活,方式之一就是全然沉浸于当下。这一刻,这永恒的当下,就是我们被赐予的奇迹。在这里,你可以寻觅到安全与舒适。

尽管如此,我们仍会陷入过去或未来,并因此饱受折磨。"我为何要在那个职位上耗费那么长的时间?我能否保持身体健康?我能够找到一位灵魂伴侣或是拥有稳定收入吗?"另外,面对生活的某种困境,你或许会勾勒出最糟糕的可能性,这种心理活动叫作"灾难化"。认识到这一模式,将你的想法柔和地朝更加积极的方向扭转,会让你的压力得到缓解。

不加判断而有意识地活在当下的"正念",其重点就在于关注此时此刻所发生的事情。如果你分了神,那就重新专注于呼吸的节奏,用觉知将自己带回当下。另外,也要把注意力放在你的感官上。专注于你周围的风景、声音、气味以及其他美好的事物,能让你摆脱杂念,进入"当下"。正如 D.H. 劳伦斯所写的:"活着的这一刻,就是一切。"

确立当日目标

我要缓慢而深沉地呼吸,让压力得到缓解。我不会专注于未来。我要告诉自己:"只要认真面对眼前的这一刻,任何事情我都能应付。"安住当下,便是我通向自由的道路。

1月7日

学会等待

生命有一种流动性，你可以听从直觉，与之同步。当投入这股流动时，你便会被带往你命中注定要遇到的人、地方以及环境，从中体验和学习。当你与这股流动共振，神圣时机就会出现。

然而有的时候，神圣时机与你自己心中的时机或许有所不同。如果某个目标实现得没有你预期的那么快，请耐心一些，坚信生活的节奏。强迫事情发生或是给别人施加压力，通常会适得其反。

高敏感人士会因焦虑而破坏自己的目标。心急如焚或不知所措时，并非做决定的最佳时机。举例来说，在事业或人际关系上，如果你已经为了推动目标而尽了一切努力，那就学会放手，敞开心扉，接受命运的指引。暂停下来，你只需等待，留心指引你前进的信号。只有拥有一颗敞开的心，你才能邀请宇宙施展魔力。

确立当日目标

我会认识到自己何时用心太切。在接下来的一周里，我要让一切顺其自然。我要成为自己生活的一个充满爱意的旁观者，而不是一味向前推进。我会等待，看生命之流会带来什么。

1月8日

感知能量的美好

高敏感人士能够运用能量沟通，也能感知人的能量的微妙力量。通过这种方法构建交流方式和周围的环境，是件很棒的事情。

我们都是由生机勃勃、五彩缤纷的能量场构成的，这些能量场能够穿透我们的身体，并延伸到身体之外几十厘米远。虽然能量场是绝大多数人看不到的，但你仍可以凭借直觉感知到它的存在。对于印度教的神秘主义者而言，这种能量场叫作"沙克蒂"，中医称之为"气"。在西方的医疗保健体系中，能量医学这门学科则将我们的身体和灵魂视为这种能量的外在体现，而这种能量则传递着关于我们思想和情感的信息。

练习感知不同的人身上的能量非常有趣。在一天之中，留心积极能量会给你带来怎样的感觉。在某些人身边的时候，你是否更加活力焕发？是否感到更加轻松或更加振奋？也要感知消极能量带来的感觉，问问自己："我是否感到劳累、焦虑、不适或者压力过大？"养成感知能量的习惯。在工作、恋爱以及生活的任何领域做决定时，都要将这一点纳入考虑范围。

确立当日目标

我要去感知微妙的能量对情绪、身体以及身心健康所造成的影响。这不仅是对我的直觉的尊重，也是对以敏感之心理解世界的方式的尊重。

1月9日

观赏自己的情绪

感情充沛的高敏感人士能够感知他人的情绪，成为吸收他人悲喜的海绵。你或许很难将他人和自己的情绪区分开来。情绪是一种我们每个人都会散发出的微妙能量，具有感染性。你或许会在不知不觉中将爱人的情绪承担在自己身上，或者，在人群之中，你会突然感到焦虑、沮丧或是欢愉，但又不知出于何故。

要想把情绪厘清，一个有效的方法就是养成提问的习惯："这个情绪是我自己的，还是别人的？"由于不习惯这样的审视，许多高敏感人士都会陷入一头雾水或措手不及的泥沼。正因如此，这个练习才如此重要。

在开始阶段，可以针对今天遇到的三个人向自己提出这个问题。在交流沟通之前，留意你的情绪，好掌握自己情绪状态的基准线。你是平静、焦虑还是兴奋？然后，观察自己的情绪在交流后会出现怎样的变化。如果你的情绪出现了微妙或剧烈的变动，那么你很可能受了对方情绪的影响。

确立当日目标

我要感知自己的情绪，从而让自己变得更强。留心从别人那里吸收的情绪，能够让我更加深刻地了解自己的敏感之心。

一月　011

1月10日

调节自己的状态

缓解压力的秘诀,就是迅速注意到它。在我的患者中,许多高敏感人士都曾对我说:"多年以来,我一直生活在重压之下。"他们持续生活在一种感官超负荷的病态中,甚至被折磨得筋疲力尽、萎靡不振、濒临崩溃。所幸,你不必成为这种状态的奴隶。

每天都请善待自己。如果有太多的事情让你应接不暇,那就腾出时间,减少刺激。在你开始感到应接不暇时,便多加留心。同事或家人对你的要求太多了吗?你应承得太多了吗?最重要的是,在这种感觉加剧之前,就要及时觉察,然后至少花上几分钟的时间,从刺激因素中解脱出来。我会经常躲进一个没有声音和亮光的房间,在那里休息或冥想,将自己调整到一个更平衡的状态。你也可以尝试这种策略。

确立当日目标

为了避免或减少这种应接不暇的状态,我要规划出或长或短的一段时间,以减少外部的刺激。学会应对这种感觉,是我的"高敏感人士工具箱"中一件不可或缺的工具。

1月11日

培养冥想的习惯

冥想是一种有效的方式，能让高敏感人士通过内观重新稳定情绪并释放压力。这个练习能让你的思绪中纷杂的声音安静下来，把待办事项暂放一旁，与你的本心以一种永恒的、充满爱的方式建立连接。把这种练习视为摆脱世俗事务的休假。无论你是在自然中步行冥想还是在室内冥想，这一练习都能让你回到当下，让超负荷的感官安静下来。

在家中打造一个神圣的空间（一个远离俗世的安全避风港）来进行冥想，或许能让你心神安定。你可以简单布置一张桌子，摆放些蜡烛、香薰和鲜花。我会在清早醒来和夜间睡前在自己的神圣空间冥想，这总能让我回归内心，给我力量。

无论你是觉得心神不宁、疲劳还是只想安静地小憩片刻，你都可以利用这种冥想。

以舒服的姿势坐下。让你的身体放松，让心灵柔软下来，将你的注意力带回当下。当负面的想法入侵时，让它们像天空中的云朵一样飘过。继续将注意力带回你呼吸的节奏上，邀请安宁的情绪渗透你的身心。

> **确立当日目标**
>
> 我要养成定期冥想的习惯，作为自我关怀流程的一个部分，这会帮助我集中和恢复精力。我的目标就是做到每天冥想。

1月12日

我没有责任承担世界之苦

作为高敏感人士的你,拥有一颗敞开的心。你不像很多人一样在情感上筑起一道高墙,你能感知别人的痛苦——无论是你爱的人还是陌生人——也本能地想要将这痛苦从他们身上带走。事实上,我们很多人所受的教育都是,同情他人,就意味着我们有责任为别人扫除痛苦。

事实并非如此。你可以为他人撑起一片支持性空间,而不必将他们的愁苦吸收到自己身上。疗愈的艺术,就是要寻找这种平衡。你可以告诉自己:"这不是我应该承担的责任。"想要"治愈"一个人是不可能的,你也完全没有责任去尝试治愈一个人。超过二十年的心理医生生涯告诉我,每个人都有权走完自己的路。

确立当日目标

我要充满悲悯之心,但无须牺牲自我或去承担他人的苦痛,我要尊重每一个人的疗愈过程,但不要尝试为他们"扫除"苦痛。

时而"离线"

人们是否喜欢和你分享内心深处的感受？在派对上，你是否一不小心就成了别人故事的聆听者？高敏感人士往往会吸引那些想要一吐心中不快的人，包括陌生人，就好像高敏感人士时刻戴着一块写着"让我帮帮你"的牌子，其他人能够感觉到你关爱他人的天性，并涌向你寻求建议。

高敏感人士常常不知如何调至"离线模式"，而这其实是一项需要学习的宝贵技能。比如说，如果我想在飞机上安静一会儿，我便会想象自己身上覆盖着一件将我与他人隔离开来的隐形斗篷，将我的能量向内收敛。我不会与别人有眼神交流，也不会主动开口交谈。我会充满爱意而非尖酸刻薄地将自己与他人"隔离开来"，让别人感觉到，我对沟通没什么兴趣。

你也可以尝试这个技巧。

时而"离线"是很正常的。不仅如此，这对你的身心健康也很有必要。无论你是说"不好意思，我得去一趟洗手间"，还是为电话沟通设好时限，有选择地倾听，都能让你掌握主动权。

确立当日目标

我要在社交场合练习自我关怀。我可以选择限制自己与他人交流的时间。我无须对所有想跟我交谈的人有求必应。

1月14日

融入大自然

高敏感人士会被大自然吸引，在自然中会感到身心愉悦。或许，你会在树木、鲜花、草地或山峦间感到神清气爽；或许，你热爱与江河湖海相依。诗人华兹华斯曾说："我们太过沉湎于俗世。"他也爱书写自然的静谧，这些诗句都深得我心。大自然是躲避喧嚣和恢复活力的理想场所。

大自然能够净化"有毒"的能量。你不需要做任何事，只需放慢脚步，汲取她的美好。让自己与欣欣向荣的植物相伴，注意它们是如何活动和呼吸的。植物能释放氧气，吸收二氧化碳，从而净化我们的环境。

自然也非常感性。注意阳光如何轻柔地洒在树叶上，留心白雪的纯洁，甚至那在春天复苏之前沉沉入眠的冬季的秃枝。大自然的每个阶段都能让你得到重生。定期投身自然世界，在其中寻求慰藉。这，便是生命本质的试金石。

> **确立当日目标**
>
> 今天，我将抬头仰望繁星、明月、蓝天，我将细细品味树木与土地的美。我要在自然的恩典中休憩，让自然将我填满。

1月15日

水的教诲

在许多治疗传统中，火、气、水、土这四种元素都具有独一无二、滋养身心的特性，并与不同的季节相关联。人们往往将水与冬天联系在一起。水代表宁静、储能、灵活、流动。我们身体的2/3都由水构成，因此，很多高敏感人士都为水而痴迷，也是理所当然的。

流动的水会释放有镇静作用的负离子，这能增加人体内的血清素，它是你身体的天然抗抑郁药。正因如此，海洋和瀑布才让人感觉如此舒缓。水可以净化你吸收的任何不必要的情绪。在忙碌的一天里，即使洗手或喝水也有缓解压力的功效。

观察流水能够让我们懂得如何绕过障碍，即使是冰川——由冰构成的河流——也会最终汇入大海中。

你可以像水那样以柔克刚，缓解紧张局势，尤其是在面对冲突，比如与伴侣争执或遇到交通阻塞时。当波浪向你袭来，明智的做法是潜在湍流之下，而不是拼命挣扎，那会伤了自己。水教诲我们，要像禅宗僧人一样，穿过逆境，走向宁静。

确立当日目标

我要通过观察水的流动来学习灵活处事。我要练习绕过障碍，而不是硬碰硬。

1月16日

练习自我同情

自我同情就是将仁慈关爱之心向内引导。不要苛责自己,给自己一个喘息的机会,认识到自己在当时的情况下已经尽力了。如果能成为自己的捍卫者,你便会觉得在世上更有安全感。

研究表明,与那些苛责自己的人相比,对自己的缺点更加包容的人能够拥有更多的幸福。我们都会犯错,但在犯错时如何对待自己,才是爱的教育中更为重要的一课。

尽管如此,同情别人往往比同情自己更容易。多年以来,许多同行都为这个问题向我吐过苦水。不要担心,这是一个充满爱心的人必须面对的成长课题,这样,我们才能以更多的同情心面对自己的困境。

同情是可以习得的。你可以从每天至少做一件善待自己的事情开始,比如关掉电脑、漫步散心,或是对自己说:"干得漂亮。""没有对那个控制欲超强的朋友恶言相向,真是太好了。"我的老师说:"每天少一些对自己的苛责,就是精神上的进步。"

确立当日目标

我要成为自己最好的朋友。我并不完美,但世间没有完人。我不会苛责自己,而是会以关爱之心对待自己。

1月17日

找回我的内在小孩

我们每个人都有一个应当得到关爱的珍贵的内在小孩。然而,在我们成长的家庭中,你那敏感的灵魂或许没有得到家人的重视和支持。相反,你的内在小孩或许会被冠以"软弱"、"娘娘腔"或是"爱哭鬼"等恶名。对于女孩来说,这已经够伤自尊了,而对于那些可能会被"小霸王"欺凌和排挤的男孩来说,这更为残酷。

成年以后,你那受伤的内在小孩可能已经藏匿于你内心深处,或者早已被你遗忘。尽管如此,他或她的伤痛却一直都在,即使你意识不到,这些伤痛也会对人际关系造成毁灭性打击。这或许会表现为对亲密关系的恐惧、不愿划定界限,或是不敢做真实的自己。

找回你的内在小孩至关重要。具体方法如下:在头脑中描绘出没有给予你的内在小孩以重视或关爱的原生家庭,发出邀请,鼓励这个可爱的孩子重新走出来,坦然告诉这个孩子:"很抱歉,你受了伤害。我知道那种感觉有多痛苦。但现在,我发誓要保护你。我不会再让任何人伤害你了。"然后,把那可爱的孩子领回家,让他或她按照更高能量的指引,成为那个杰出、卓越而富有创意的人。

> **确立当日目标**
>
> 我要找回我的内在小孩,寻回内心充满活力、敏感多情的部分。我会永远滋养和保护这个可爱的生灵。

1月18日

划定合理的界限

设置了清晰的界限，你的人际关系便会得到改善。界限传达的是你希望别人对待你的方式，比如"今晚若能见面当然好，但我只有一个小时的时间"或者"不好意思，我现在没法再接其他的任务了"，抑或是"请你不要跟我提高嗓门儿"。如果你的态度模棱两可，你就不会受人重视。要想有效地传达你的界限，态度就要坚定而友善。这样一来，别人就知道你是认真的，但也不会觉得受了冒犯。

如果你不愿划清界限，是因为受了什么因素的阻碍吗？是自尊心不强吗？是害怕遭到拒绝或伤害他人的感情吗？或许，在家中，你对表达自我心有顾虑。在刚开始接受心理治疗时，我的一些敏感的患者缺乏勇气，不敢在生活中吐露心声。在学会划定界限之前，他们总在人际关系中充当出气筒或受害者的角色。

要想改变这种模式，就要将"感受恐惧，但仍要划定界限"这句箴言付诸实践。从那些较容易划清界限的人开始实践，比如电话推销员或是某个支持你、鼓励你的友人。（可不要拿你的母亲练手！）学会这种自我保护技巧，会对你的健康成长有所助益。

确立当日目标

今天，我要坚定而友善地与一个人划定界限。这种形式的自我关怀，能够让我拥有更健康的人际关系。

1月19日

带着爱意说"不"

如果有人对你抱有不切实际的期望，或者要求你完成某些你无力承担的任务，记住："不"是一个完整的句子。要想说"不"并让对方接受，就要有一个平心静气而不带偏见的出发点。唐突无礼或消极应对会带来负面的影响。你无须为自己辩解，也不用展开一场深入的对话。只需表述清晰，带着友善拒绝。

圣雄甘地的一句话深深打动了我："发自内心深处的一声'不'，要好过为了取悦别人甚至避免麻烦而说出的一声'是'。"友善而坚决地划清界限才是明智之举。帮助别人排忧解难不是你的职责。任由别人侵占你的个人空间，到头来总会事与愿违。不设界限，一段关系便建立在不平等的基础之上，最后两败俱伤。

有同情心的人并不会对别人有求必应。比丘尼佩玛·丘卓提醒我们提防她所说的"愚昧的同情"，在必须说"不"的时候，用仁慈来避免冲突。掌握这个平衡，能保护你不至筋疲力尽，也能对建立坦诚而充满关爱的人际关系有所帮助。

确立当日目标

至少在今天，我要带着爱意说"不"，即使刚开始会感到别扭。我要向自己保证多加练习，这样一来，说"不"就会变得越来越容易。

1月20日

识别不真诚的人

你的直觉会让你觉察出人们的表里不一。你的直觉或许会告诉你:"有什么事情不对劲儿,我不确定自己能否信任这个人。"高敏感人士拥有"人体测谎仪"的头衔,这是因为他们的内置"雷达"能够准确感知到他人的言行不一。

如果直觉提醒你某人可能言不由衷,这或许牵涉到一系列原因,从不敢表达自己的真实情感到歪曲实情,不一而足。要想找出答案,你只需在一段时间内观察此人,看对方是否言行一致。另外,随着你对对方了解的深入,你便能更加理解其动机,而真相也就更加清晰了。

确立当日目标

我要聆听对他人的直觉,我不会怀疑自己。对于表里不一的人,我要多加留心,并细心观察,找出原因。

1月21日

与身体友好相处

与身体友好相处,是让你的敏感天赋得以发展的必要条件。你的身体是一个敏感的直觉接收器,是帮助你生存和成长的工具。

尽管如此,安住于自己的身体之中,对于高敏感人士而言并不总是一件容易的事。多年以来,我都无法坦然展现自己,也无法安居于自己体内。我仿佛生活在一个逼仄的容器里,被诸多强烈情感淹没,只能在脱离本心的状态下麻木地生活。然而,一旦学会停止将他人的压力吸收到自己身上,我的身体就成了一个更加安全且充满乐趣的居所。

你的身体是一座容纳灵魂的圣殿。请听从它的指引,如同听从你内心中的大师一般。稳定你的情绪,专注于你的呼吸,告诉你的身体:"我会像对待朋友一样对待你,留心你发出的信号。在超负荷时,我会安静下来。如果需要休息,我就放松地玩乐。"善待自己的身体,会让你感到精神焕发,生机勃勃。

确立当日目标

我要舒缓地深呼吸,完全安住于我的身体之中。我要享受我的感性,留心漫步、呼吸、进食以及嗅闻鲜花的美好。

1月22日

聆听疲劳

当你压力过大时，疲劳是最先显露的迹象之一。即使身心俱疲，你也可能会硬撑着把待办事项、工作项目或其他任务完成。这样一来，你便会持续处于慢性疲劳状态，更有可能心力交瘁，这会导致感官超负荷、肾上腺疲劳、焦虑以及抑郁。

可悲的是，我们的社会鼓励人们在遇到困难时硬扛过去。我们赞赏的，是那些对自己身体的信号视而不见的"拼命三郎"。人们早已习惯于只听从头脑的声音，这样的选择，对于那些身体易于劳损、需要更多的休息和独处时间才能恢复精力的敏感人士而言，危害尤为巨大。

为此，我建议我的患者把疲惫当作智慧的声音，它在告诉你："休息一下，哪怕只有几分钟。"冥想、小睡或者只是静静坐着，这些细微的调试，加上一夜良好的睡眠，将帮助你恢复精力。留心你的疲劳程度，这会让你通过自我关怀来温柔对待自己。

确立当日目标

今天，我要问问自己："我是否出现了急性或慢性疲劳？"然后，我要选出一种可行的、充满关爱的方式，让自己重新恢复精力。

1月23日

将压力呼出去

在忙碌的一天中，留心自己的呼吸能够稳定和放松你的心绪。在印度传统中，呼吸被冠以"普拉纳"之名，也就是"生命的神圣能量"。你可以利用这股赋予我们生机的力量，缓解压力。

治疗新患者时，我总会观察他们的呼吸模式，以此来确定他们紧张或放松的程度。高敏感人士或许会在无意间屏住呼吸或呼吸过浅，这会使能量受到阻塞。正如有些动物会在不愿让捕食者注意到它们时放慢呼吸一样，你也可能会屏住呼吸，以此作为一种自保的方式。

你的呼吸会通过吸入氧气和呼出二氧化碳来净化身体，你也可以将有害的情绪呼出去。有意识地呼吸能够让你安住在身体之中，将压力释放出去。你可以尝试以下练习：

> 安静下来，闭上眼睛，放松片刻，将注意力全部集中在呼吸上。吸气时，将平和缓缓吸进身体；呼气时，将你之前可能吸收了的压力全部呼出。接着，吸入宁静，呼出焦虑和恐惧。最后，吸入满足，感受一种贯通身心的愉悦。

确立当日目标

我要练习带着意识呼吸。一旦注意到呼吸紧张，我便会重新开始舒缓而自然地呼吸。随着每次吸气和呼气，我都会感到自己的生命力在增强。

一月

1月24日

合理规划时间

在时间管理上，我是个一丝不苟的人。我想拥有平衡的生活，不慌不忙，不让自己承接太多工作或压力过大。作为一个高敏感人士，一旦负载过度，我会很快出现胃痛或背痛等身体症状，或是变得易怒而疲惫。我想要尽一切可能，避免这类情况的出现。

合理分配你的时间，这是一种自我关怀的独特方式。思考一下：现在的你是怎样安排每一天、每一周、每一月的？你对你的时间安排满意吗？你在工作和玩乐之间有一个令人舒适的平衡点吗？还是说，过多的工作和匆忙行事让你疲惫不堪？带着同理心去评估你的处境。将你能够做出的积极改变记录下来，这会对你有所帮助。寻找方法，看看如何才能更有效地在日常活动中分清主次、分配任务或排除干扰，然后，将这些方法付诸实践，在那些让你筋疲力尽和神清气爽的任务之间找到平衡。

> **确立当日目标**
>
> 我要带着正念管理自己的时间。我想要拥有劳逸结合的生活，对工作和玩乐抱有同样的热情。

1月25日

安心做自己

在你不断努力实现梦想、向外求索答案多年后，有那么一天，你有可能突然停止追寻。这并不意味着你不再想实现自己的梦想，相反，这意味着在内心深处，你知道自己已经到了彼岸。我并不是指外部的成就，比如一份体面的工作或是银行里的存款——虽然这些因素都可能存在，更重要的是，你的内心燃起了一股让你引以为豪的安住本心的信念。你的本心，是你永远的庇护所，它是一处让你得到温暖的地方，无论是在寒冬还是其他任何时候。

安是我的一位年过八旬的朋友，她把自己创作的下面这段话摆在冥想台旁，我也将这段话摆在了自己家里。希望它能为你的成长和自我实现之旅带来一份平和。虽然你或许还未觉察，但其实你已然到达，你心中那永恒不变的仁爱才是你的归宿。

> 无所为
> 无所成
> 无所有
> 安住于你与生俱来的完美之中
> 一切如是
> 无寻无伺

确立当日目标

我要安心做我自己。我要体味我自身的完美以及喜悦。

1月26日

积极的自我对话

你的想法会影响你的能量水平，也会在你体内触发生物化学反应。积极的态度能够产生内啡肽这种让人感觉欣快的激素，从而促进身心健康；消极的态度则会使压力激素增加，从而损害身心健康。

积极的自我对话是一种有效的自我肯定形式，它能阻止你将注意力放在消极或由恐惧而生的想法上。在阳光匮乏的冬日，高敏感人士更有可能出现抑郁症状（我们会在12月16日的文章中深入讨论季节性情感障碍问题），而积极的自我对话则可以帮你渡过这个难关。举例来说，如果你因为社交过度而精神耗竭，那就对自己说"我完全可以独处一会儿，放松身心"，不要因为拒绝别人的邀约而苛责自己；你也可以说"能去看一部有趣的电影可真棒"，而不是批评自己懒散。

积极的自我对话能够调整你过度关注恐惧或消极因素的倾向。多加练习便会习惯成自然。你或许无法掌控生活中发生的每一件事，却可以掌控你的态度。

> **确立当日目标**
>
> 我要感恩生活中一帆风顺的部分，而不要只纠结于问题。
> 我要专注于发掘自己和他人最好的一面。

1月27日

寻找同类

我接触的患者中，许多都是感到孤独无依的敏感人士。他们常常无法承受这个世界的重负，只得躲在给他们带来安全感的家中，而狂风呼啸的严寒冬日，则会让这一习惯越发稳固。由于我们中的许多人都缺乏归属感，因此，与独处相比，置身于人群之中反而更容易让我们感到寂寞。

也许你对此有所感触，在人生大部分时间里一直处于这种状态的我，对你的孤独感和想要逃避的欲望也了然于心。但是，你不必再感到自己是孤身一人，因为你已成为高敏感人士群体中的一员。我们中的许多人都能理解你的感受，在世界的各个角落，都存在着勇于展露真我、接受自身潜力的高敏感人士。虽然我们素未谋面，却可以汲取彼此的力量。

与其他高敏感人士的沟通互动，能够缓解你的孤独感。其中一种方式就是成立一个高敏感人士互助小组，具体流程我在《不为所动》[1]一书中有过探讨。或者，你也可以看看"欧洛芙博士高敏感人士支持社群"等社交媒体小组，在那里寻找志趣相投的人。

---

[1] 该书中文版已由中信出版社于2020年出版。

> **确立当日目标**
>
> 我会在网上搜索信息、文章或支持性小组，寻找其他高敏感人士。另外，我也要在生活中寻找同类。

1月28日

聆听直觉的声音

接收来自直觉的信息,能够让你的焦虑感得到抚慰,让你走出恐惧,用爱思考。接受灵魂的指引,能够让你超脱小我——充斥着杂念、恐惧以及焦虑的"心猿",进入一个更加广博的自我,更清晰地聆听直觉的智慧之音。灵性有如无边的浩瀚海洋,包裹着你那由恐惧而生的小我。

当你感到疲倦、忧虑或感官超负荷时,抽出片刻,暂停下来。你可以不受这些情绪的操控。让一切都慢下来,深呼吸,向内求索,感受灵魂的无边无际。打开心灵,接收崇高之爱、平和心境以及更高能量带来的关爱。允许所有积极能量渗透你的身心,给你抚慰:在这一刻,一切安好。

确立当日目标

我要时常与自己的直觉联通,以克服自己的恐惧。我随时随地都有权利选择远离恐惧,以爱为出发点。

1月29日

找到宁静的力量

营造一个安静的环境，能让你从快节奏世界的嘈杂中恢复精力。

你或许意识不到噪声会对你的精力造成多少损耗。有时候，你连自己说话的声音都听不清，更何况聆听直觉之声。处于嘈杂的饭店、警笛声、风钻，还有那不绝于耳的聒噪中时，出于反应机制，你或许会在无意间将敏感的感官封闭起来，用戒备之心处世，甚至紧闭心门。

宁静能给你提供一个喘息的机会。对我来说，这是一种解脱——宁静与静默能够让我恢复活力。一行禅师说："如果你的脑中充满了文字和思绪，那就没有空间留给你自己了。"冬天较为缓慢的节奏有助于我们走进内心，效仿自然：你可以像雪一般静谧，也可以像春色盛放前休眠中的森林一般安详。在这宁静之中，直觉的声音也会变得越发清晰。

每周至少安排几天，每天腾出至少 5 分钟的安静时间。这是无人能够干扰的神圣时间。无论是在办公室、家中还是林间，你都可以找到安静。在这没有噪声的美好之中，你可以重新寻回与直觉的联通。

确立当日目标

作为时间管理的方式之一，我将定期腾出静默的时间。即使不习惯，我也会敞开心扉，去体会宁静如何让我恢复精力。

1月30日

知足常乐

要想使自己的情感之井充盈，就要专注于在生活中寻找满足感。知足是一种选择，源于接受事物不完美的现状。所谓知足，就是无论身处顺境还是逆境，都要对自己抱有积极的态度。无论顺逆，你都可以说："我爱自己。"

知足来自你的内心，而不是你的大脑。知足会让你胸中泛起一种同情、欣悦和温暖的感觉，给你带来慰藉。知足不会让你变得被动，你仍在追求自己的目标，只是在追求的同时对自己已拥有的东西也心怀感恩。虽然大脑一不小心就会纠结于还需改进的方面，但心怀满足感的时光，能够让你暂时抛开所有努力奋斗带来的压力，纯粹地沐浴在生活的光辉之中。

确立当日目标

每天，我都要拿出几分钟时间，去感受内心的满足感。我不会专注于自己和他人的不完美之处。我要感恩生命，对被赋予的一切心怀感激。

1月31日

尝试改变

对高敏感人士而言，精彩的生活意味着在生活中创造能量、平衡和激情，从而做出与你的灵魂相契合的选择。运用逻辑思维无可厚非，但同时也要用直觉判断什么才符合你的内心。不要以为一年前行得通的事情搬到现在也一定适合你。

对生活的方方面面进行评估，从以下几个方面判断你的幸福指数：独处的时间、社交的时间、玩耍和创造、健康、爱以及工作。从某一个方面着手，然后再去改善其他方面。问问自己："我如何才能从中获得更多的能量、平衡和激情？"如果没有迫切的需要，就不必做大的改动。

从小的变化开始，积累这些通往自由的神奇的一小步。你可以每天多冥想几分钟，延长工作间隙的休息时间，或是想象一个激动人心的新项目正在推进。一段时间之后，重新设想你生活的方方面面，滋养你的能量和灵魂。

确立当日目标

我要尝试能给我带来快乐的新事物。要想创造我所热爱的生活，就要脚踏实地地一点点去改变。进行这项美好的尝试，永远为时不晚。

一月

二月

用爱缓解孤独,
充满爱,
吸引爱

2月1日

放慢节奏

放慢节奏是热爱生活的关键。时常处于慌张和压力状态中，是不可能心境平和的。匆忙对于你那敏感的天性而言尤为有害，因为这会让你长时间处于焦虑、烦躁、感官超负荷以及精神耗竭的状态中。这种状态也会加快时间的流逝，使得享受当下变得尤为困难。

在匆忙状态下，你体内的压力激素会增多，天然抗抑郁药血清素则会减少。之所以匆匆忙忙，可能是因为行程安排得太满，或者如果没有完成某项目标，你便会指责自己懒惰无能。另外，如果你是个喜欢取悦别人的人，那也可能是因为你由于害怕让别人失望而承担了过多的任务。

放慢节奏可以增强你的活力，防止过劳。日常行程是否能让你保持充足的能量？如果能，那当然好；如果不能，那就考虑一下哪种节奏更适合你，然后开始逐步实践。即使你日理万机，你也可以在两项工作之间冥想或小憩，这是快速补充体力的方法。就算只是对你的节奏做出微调，也照样能够让你更有能量。做事高效当然是好事，但是，如果能在一天中偶尔放慢脚步，即便只是短短几分钟，你也会感到更加神清气爽。

确立当日目标

我要认真审视我的生活节奏，安排更加均衡的日常作息。我要避免仓促行事，避免把行程填得太满。

2月2日

经常锻炼

经常锻炼能释放压力，稳定情绪，助你活得更加精彩。经常锻炼也能刺激内啡肽的分泌，它是能让你心情愉悦的神经化学物质。心境平和镇定的时候，你不仅能将敏感发挥得更加淋漓尽致，还能避免感官的超负荷。

运动能让你的身体和免疫系统生机焕发，还能让你的相貌和心境更加年轻。运动能让你保持灵活、强壮，这样一来，你的肌肉就不会随着年龄的增长而僵硬。久坐的生活方式阻滞了能量的自由流动，因此，越是勤于运动和伸展，你就越会觉得青春焕发、精力充沛。

我会通过锻炼来找到身心平衡，将我所吸收的压力排出体外，有氧运动、瑜伽以及举重我都会做。另外，我也很喜欢在山谷中徒步和在海滩上漫步，只是简单地动动身体、深呼吸，就能给我愉悦和亲近原始本能的感觉。

同样地，你也可以寻找一种你喜欢的锻炼方式。如果你刚刚起步，那么每天做一次简单的瑜伽，便是一种温和的开始。高敏感人士热爱水，因此游泳的感觉应该也很舒服。其他选择包括普拉提、舞蹈或是骑行。循序渐进，尝试不同的运动方式，你总会找到自己喜欢的方式。

> **确立当日目标**
>
> 我每天都要活动身体，增强体能，缓解压力。我要将运动看作一种正念冥想，而不是一次紧盯终点线、与人一争高下的冲刺。

2月3日

沐浴的力量

忙碌的一天过后，浸泡在浴缸之中，或是冲个澡，洗去一天的压力。让洗澡成为一种神圣的仪式，而不只是单纯的务实之举。在身边摆上蜡烛和水晶，为你的空间增添光线和力量，这能激发你的灵感。你也可以在水中加入一点薰衣草精油，帮助平缓心情。

水是一种强有力的元素，有助于高敏感人士补充精力。在古罗马，浴室常常被用作疗愈的场所。一场战斗之后，受伤的士兵会进入浴室，在最高超的治疗师的关照下逐渐恢复元气。在犹太教中，"浸礼"是一种净化灵魂的传统。与此类似，在基督教中被称为"洗礼"的浸水仪式，也有净化功效。

一年生日，我有幸拜访了北加州偏远地区的塔萨加拉山禅修中心，与手机信号和互联网暂时分别。在矿物温泉的入口处，张贴着下面这段文字的不同语言版本，意在强调沐浴的神圣。你也可以在踏入淋浴间或浴盆之前重复这段话。

> 我要沐浴我的身体和心灵
> 清净明澈，远离尘土
> 远离压力，远离恐惧
> 由内而外，纯洁闪耀

确立当日目标

我要沐浴在水中，将一切有毒的情绪或压力都洗去。我要让水将所有的烦心事带走，我要放松下来，沉浸在这让人焕然一新的体验之中。

2月4日

精简生活

一切从简是我的道教研习之路上的一条核心原则，这能帮我注意到阳光洒在树叶间、烹煮一颗洋蓟或是对一位友人微笑时的质朴之美。许多高敏感人士都对简化生活很感兴趣，这能减少刺激，减轻感官负荷。除此之外，不那么忙忙碌碌，不拥有那么多身外之物，也能让人神清气爽。

比起囤积身外之物，你可以从生活本身挖掘到更多快乐。在几年前的一次搬家过程中，我将绝大部分家具和衣物都捐了出去，只带了必需品。轻装旅行的感觉可真清爽！少即是多。这是一种净化身体和心理空间并清除残余的方式。

精简你的生活能够帮助你重新找回时间。你不会再被事务或物件压得喘不过气，而是会得到一个休憩的空间，一次神圣的暂停，以及一段段可供你天马行空地遐想和体味简单事物魔力的悠长时光。就像亨利·大卫·梭罗所写的："一个人能放下的东西越多，他就越富有。"

> **确立当日目标**
>
> 我要少安排几件事情，舍弃一些财物，去体会简单的生活是多么自由。
> 我要看看这种方法能如何节省时间和空间，让我更好地享受当下一刻。

2月5日

保持灵敏

高敏感人士拥有灵敏的神经系统，对接收的信息反应迅速。这就好像你握着某个物体时动用了50根手指，而不是5根。由于你没有非高敏感人士所具备的"心灵滤网"，所以光线、味道、气味、声音和情感往往会给你异常强烈的感觉。你虽然是在充满激情地感受生活，但相比之下，你是缺少保护的。

我曾经担心自己的感情太过浓烈，担心我强烈的情感反应会招致对方厌恶（尤其是与我恋爱的男士）。因此，我试着抑制自己的情感，不敢表露真我。然而，随着在高敏感人士这条路上的成长，我逐渐发现，带着热切的激情生活是件多么美好的事。对于这一特点，我永远也不想有所改变。

尽管如此，自我关怀对支撑你的激情和敞开的心扉而言仍是不可或缺的。如果暴力电影或新闻节目让你不忍观看，那就设下一些限制。一定要安排出充足的时间安静下来，用镇定平衡强烈的情绪。一旦能够接受自己深刻感知的能力，你就能将那些珍视这一特征的人吸引到生活中来。

确立当日目标

我不会假装出另外一副模样，也不会强压自己的感情。我要接受自己拥有强烈感情的事实。我要寻找对我的敏感之心有所助益的人和环境。

2月6日

用爱缓解孤独

时常花时间独处,对于高敏感人士而言是一种解脱。独处能让你暂停与他人交流,也能让你从对他人需求的回应中稍做喘息。你可以按自己的需求调节声音、光线、温度以及环境中的其他因素。独处能让你在不受任何打扰的情况下享受自己的陪伴。你可以冥想、呼吸、拉伸,找回你本来的节奏。

但是,独处并不是孤独。孤独是一种与滋养之源的痛苦分离,无论这滋养是来自你自己、更高能量,还是社会。有的时候,在你形单影只时,孤独感会悄然而生。不要抗拒。我们每个人都会偶尔感到孤独。在分身乏术的时候,我会想家,也会感到寂寞;与别人共处时,我也有可能感到孤独。无论你的孤独感是浓是淡,这种感觉都会提醒你与爱之源泉重新建立联系。

你绝非孤身一人。内在之光无时无刻不伴你左右。所以,如果感到孤独,那就将注意力放在内心。除此之外,你也可以试着寻求支持和帮助,而不是像许多高敏感人士一样简单地逃避世界。爱会帮你缓解孤独之感。

确立当日目标

每天,我都要腾出独处的空间,让自己焕发活力。孤独感提醒我重新与爱建立联系。在感到孤独时,我要加深与内心和朋友之间的交流。

2月7日

找到灵魂之友

"Anam cara"的概念给我很深的感触。在盖尔语中，这个词的意思是"灵魂之友"，即与你有特殊的亲密关系、能够分享你最深情感的人。你们之间的关系如此紧密，让此人比你的血亲更像亲人。

小时候，我有一个最要好的灵魂之友，我们做任何事都形影不离。这种感觉比好友成群更加美好。你或许也有同感，因为高敏感人士通常只有一位挚友或是几位密友，而不是那种交友甚广的类型。

找到你现在的灵魂之友，珍惜这些特殊的友谊。这种高质量的关系不仅有助于你的成长，也能让作为高敏感人士的你感到有人理解。同时，你也要留心寻找新的灵魂之友，即使这是一个你从未考虑过的陌生概念。第一次见面时，你或许会有一种似曾相识的感觉，就像你们已彼此熟识一般。这种感觉与其说是相识，不如说是团聚。灵魂之友是值得珍视的忠实朋友。在友谊之路上，你们可以彼此扶持，相互帮助。

确立当日目标

我要敞开心扉，寻找与我心心相印的灵魂之友。即使现在尚未找到，将这个愿望放在心中，也有助于将这些人吸引到我的生命中。

2月8日

敞开心灵

高敏感人士拥有充满关爱、坦诚开放的心灵。你深深关爱着他人和这个世界。你关爱人类、花朵、地球和孩子，你对动物和一切生灵都抱有一份特殊的感情。与你的直觉一样，你的感情也非常深厚。

要想获得精彩人生，高敏感人士就要学会像关爱世界一样关爱自己，这包括认识到你的敏感在这个过分理性的社会中有多么珍贵。你的关爱之心将在黑暗中划出一道光亮，指引大家走出困境。虽然如此充沛的感情也会带来伤痛，但你的心灵会赋予你强大、积极和纯洁的力量。

作为自我关怀的一部分，你必须成为你那敞开的心灵的保护者。怎么做呢？对任何想让你变得狭隘的人说"不"。练习积极的自我对话，扭转你的消极思想。比如说，如果你告诉自己"我不够好"（许多高敏感人士都会这样），那么你就要学会马上反驳这个错误观念："我已足够优秀。我充满爱心，也在变得越来越强大，越来越自信。"这样一来，你就将自己带回了积极能量和仁爱的领域。

确立当日目标

我要珍惜和保护我那颗敞开的心，选择能够滋养它的人际关系。爱的能力，为我的生活和整个世界带来了光明。

2月9日

与自己"结婚"

此生最重要的人际关系,就是你与自己的关系。滋养这份情谊,能够让你健康、快乐、身心健全。我很推崇"与自己结婚"这个理念,也就是所谓的"自我结合"的婚姻。这是一种正式承诺,保证对你的成长和敏感的天赋予以爱、尊重和珍视。这与自恋心理或以自我为中心毫无关系。在对自己宣誓时,你可以这样说:"我要以同理心理解和对待你。我不会抛弃你,也不允许任何人伤害你。我会倾听你的需要。我要永远忠于你的幸福。"

如何与自己"结婚"呢?首先,拟出送给自己的独一无二的誓言,也就是给自己的一封情书。把誓言写在日记中作为参考。接下来,举办一场简单的仪式,比如在缀满鲜花的圣坛前或是大自然中某个充满魔力的地点诵读你的誓言。这可以一个人进行,也可以由友人和宠物见证。你也可以在不举行任何仪式的情况下在心中默念你的誓言。除此之外,如果愿意,你还可以戴上戒指、手镯或是项链,作为这场与自己的神圣结合的信物。

无论你是身处一段亲密关系中还是孤身一人,你都可以与自己"结婚"。无论是哪种情况,珍惜自己都能够吸引更多的爱,并让这份爱更加深厚。由此出发,你就能引来尊重你敏感之心的亲密关系,并将这份相濡以沫的感情维持下去。

确立当日目标

我承诺爱自己,尊重自己,珍惜自己。无论是否处于一段亲密关系之中,我都要时刻致力于自我关怀和成长。

2月10日

充满爱，吸引爱

物以类聚，人以群分，这是一条基本的能量法则。你释放出的爱和正能量越多，能吸引的东西就越多。我们都是精妙的能量传播者，不停地发送着频率相近的人能够接收到的信号。

你的能量反映着你的信仰，因此，相信自己值得拥有爱是至关重要的。如果在一个未能给予你关注或不鼓励敏感之心的不健全家庭长大，或者，你的父母过于自恋或酗酒成性，无法给予你应得的爱，那你或许不会自然而然地拥有这种感觉。如果是这样，那么你的疗愈工作就是学会认识到自己的价值。这样，你才能吸引拥有爱的能力的人。

亲密关系的意义不仅在于你为一段感情带来了什么，也在于你从中得到了什么。你不能指望别人对你比你对自己更好。贯穿这本书的自我关怀练习不仅能增强你的自我价值感，还能将你的频率与爱的频率调节一致。如果你的目的是珍惜自己和抚平任何让你心门紧锁的恐惧，那么爱就会对你张开双臂，满足你长久以来的渴望。

> **确立当日目标**
>
> 我是一个充满爱的人。我值得拥有爱。我要将有益于我的身体和灵魂的爱吸引到生活中。

坦诚待人

在一段亲密关系中，你是感到自在，还是心中充满了矛盾？你是否既想有人陪伴，又想有独处的时光？

最近几年，我人生中大部分时间都是单身状态。过度地与人相处，会让我觉得窒息。投入一段感情时，我会觉得手足无措，只想逃离；单身一人时，我又渴望得到一个灵魂伴侣。对沟通和孤独的渴望相互冲突，这种亲密与疏离并存的感觉，你或许并不陌生。

我发现，当高敏感人士能够真实表达自己的需求时，亲密关系就会成为可能。压抑情绪不会让你变得快乐或自在，随着压力的积累，你可能会有撒腿就跑的冲动。自我关怀的一个核心部分，便是认识到你对亲密关系的需求，并传达给你的伴侣。

刚开始的时候，请记录感情中真正让你感到安适的因素并重点标出排名前五的事项，这是很有帮助的。你需要更多独处的时间吗？需要减少房间里的噪声和杂物吗？想减少访客吗？是想在自然中多与伴侣走走还是腾出时间享受欢爱？坦诚地表达，可以为有意识的沟通铺平道路。

确立当日目标

我要坦诚表达我的敏感之心在一段感情中的需求，包括自己对于放松和独处的需要。轻松愉悦地与伴侣相处，这种状态是我理应拥有的。

2月12日

丢掉改变他人的幻想

认识到别人的优点，当然值得称赞。但是，要想在感情中擦亮眼睛，避免选择错误的伴侣，你就要努力看清对方的真面目，而不是你希望他变成的样子。我们很容易被对方转变的可能性所诱惑，对于那些乐于发掘别人的优点，心里以为"我的爱能将这个人最好的一面激发出来"的高敏感人士，尤其如此。

然而，现实往往与我们的期待相去甚远。你或许通过直觉在潜在伴侣的身上感知到了巨大的潜力，比如对方对于亲密关系的渴望，但即便如此，你也不能强迫他死心塌地。不要沉迷于这种心心相印的感觉，或者陷入"假以时日，他终会回心转意"的想法中无法自拔。对方需要具备觉察自己情感的能力，也需要有自省的欲望，这样他才能在两人的相处中不断调整心态。将"如果"的幻想放下，你就不会为改变别人而白白浪费几年的时光，也不会落得遍体鳞伤。

确立当日目标

我不会被对方可能发生的转变遮蔽双眼。我不会沉迷于希望他人做出改变，或者幻想对方可能成为的样子。

敢于敞开心扉

向对方敞开心扉是一种展露自己脆弱一面的行为。你如何判断这样做是否安全?

首先,观察对方是如何对待他人的。他能否做到始终如一地友善待人?他是如何对待朋友和家人的?他对陌生人、孩子或老年人是否尊重?是否会因为店员"行动太慢"而不耐烦地大吼大叫?人们对待别人的方式,可以反映出他们在甜蜜消散之后会如何对待你。行为比言语更可信。

我那些敏感的患者常犯的一个错误是,过快地与他人发生情感上的纠葛。和他们一样,你也可能因为感受到相互吸引带来的欣快感而轻率地展露自己私密的一面。如果你曾有遭人背叛的经历,那么慢慢来就更是明智之举了。

花些时间,记录什么能让你在与别人相处时感到安全。一位患者这样描述她的恋人:"他会聆听我说的话,是个靠得住的人。我内心敏感,不惧怕表露感情,这都是他喜欢的。"以同样的方式划定自己的标准,能帮你确定何时可以敞开心扉,或者判断这样做是否明智。你们的恋爱关系,应该是一件能够稳稳承载爱情的容器。

> **确立当日目标**
>
> 我愿意与能够对我的关爱予以积极回应的人建立美好的关系。我要与一个既能给予爱又能接受爱的人在一起。

2月14日

让爱自由流动

承诺忠于爱的力量,这是你能采取的最神圣的行动之一。情人节是一个绝佳的机会,无论你是否处在一段亲密关系之中。我所说的"爱"是最广泛意义上的爱,不只包括情爱,也包括诸多其他形式的爱。本着这种认识,我建议你从心出发,按下文内容做出郑重承诺。(你可以按需对这份清单进行修改补充,将你所有深爱的人都包括进去。)

- 我承诺,我要以爱而不是恐惧作为生活的出发点
- 我承诺用关爱之心善待自己
- 我承诺致力于自己的精神成长,敬畏神圣的力量
- 我承诺热爱我的伴侣
- 我承诺热爱我的孩子
- 我承诺热爱我的朋友
- 我承诺热爱我的宠物
- 我承诺热爱地球以及地球上的所有生物

确立当日目标

我不惧怕诚心对待我爱的一切。我要让我的爱自由流动。在生命中的每一刻,我都要完全安住于当下。

2月15日

3分钟冥想

为了缓解压力并减轻感官负荷，也为了与爱建立连接，我建议大家练习这种专注于心灵的冥想。刚开始的时候，每天冥想一次，然后，你可以逐渐提高频率。我会在不同患者就诊的间隙以及一天的工作中见缝插针地进行冥想，以此来稳定情绪。要想缓解情感和身体上的不适，就快点儿行动，将3分钟冥想利用起来吧！

闭上你的双眼。做几次深呼吸，放松身心。然后，把手放在你胸部正中的心轮位置。专注于一个让你愉悦的图像：日落、雏菊、大海、海豚。你会注意到一种温暖、开放、仁爱的感觉在心脏处逐渐生发，然后流经你的全身。让这种感觉抚慰你，消除所有的不适。当你被爱净化时，有毒的能量便会离开你的身体。

确立当日目标

我每天都要练习这种3分钟心轮冥想，以此平复心情，释放压力，滋养仁爱。这是一种实用的自我关怀之法，我每天都会实践。

2月16日

设置界限

　　划清界限指的是在你和他人之间划定一道边界。比如，你可以说"我需要这样做"，"这个程度是我无法接受的"，或是"请你别那样做"。但是，你有时会觉得自己没有资格主张自己的权利，或者，你家的规矩并不允许你为自己申辩。即便如此，这种技能对于建立健康的人际关系也是至关重要的。

　　界限可以保护你，给予你安全感。如果没有界限，你就可能逐渐对伴侣的某个恼人行为忍无可忍，或者因为对一位朋友付出太多而身心俱疲。将压力堵在心中，是引发身体症状、抑郁和焦虑的导火索。

　　设置界限对于你的健康和人际关系都有益处，但这需要多多实践。带着仁爱之心去做这件事，不要引起冲突。比如，你可以这样说："如果你能帮我洗洗碗，那就太棒了。"考虑一下你还想设置哪类界限，表达得具体一些。你想让伴侣花更多时间全身心地陪你，而不是总坐在电脑屏幕前吗？可否请家人只短住两天，而不是一整周？一次只设一种界限，而不是一下子设许多界限。诚实地吐露心声，可以使人际关系变得更加坦诚而美好。

> **确立当日目标**
>
> 今天，我要练习划清界限。我要从一个简单的问题开始，而不是从一个已经积蓄了诸多情绪的问题着手。另外，我也要从一个能够给予我支持的人开始，而不是一上来就在父亲或老板面前坚持自我。

找到亲密关系中的平衡点

在亲密关系中，你是否有时会觉得无法喘息，有时又觉得遭人遗弃？有时候，你希望伴侣能给你腾出更多空间，但一旦他们远离太久，你又会焦虑不安。在这两种感觉之间不停切换，是高敏感人士常会遇到的困境。

绝大多数父母都不知道该如何尊重我们的界限或个人空间。因此，从某种程度上说，你或许会觉得他们给了你太多压力，甚至让你无法喘息。或者，你常被父母晾在一边，因此感到遭人遗弃。这些童年的经历会影响你现在的关系。拿我自己举例，我的母亲非常爱我，却不给我留出足够的私人空间。因此，作为成年人的我对他人入侵私人空间非常敏感，比如我很介意有人不敲门就走进我的办公室。一旦伴侣了解了我的这一面，他就能够更好地满足我的需求。

回顾你的过往，诚实地评估你在这些问题上的立场，然后，友善地与你的伴侣讨论这些问题。不要把问题归咎到他们身上，而是说："这些都是我的问题，你可以帮我一起解决。"用"我"作为句子的主体，比如"如果没有足够的独处时间，我会感到透不过气"，或者"当你忘记打电话时，我就会胡思乱想"。这样，你们就能在两人的相处中找到一个平衡点。

确立当日目标

我要多加关注窒息感和被遗弃感之间那条微妙的界限。我要将自己对私人空间的需求传达给对方，也要让对方知道什么程度的交流是我能接受的。这能让我们的关系更加密切。

2月17日

2月18日

分清爱情与欲望

作为一名心理医生，我已亲眼见识过性吸引力对常识和直觉具有怎样的破坏力。要想用正念做出选择，而不是在事后后悔，你就要掌握欲望与爱情之间的区别。

欲望是由生殖的原始欲望驱动的。研究表明，充满欲望的大脑的状态与吸毒后的大脑状态很相似。我们可以从磁共振扫描看出，在摄入一定剂量的可卡因后，瘾君子的大脑亮起的区域，与一个欲火焚身之人大脑亮起的区域是相同的。此外，在性激素达到高峰的恋爱关系初期，欲望会受到理想化作用和心理投射的煽动。你看到的是对方在你心目中理想的样子，而不是其真实的样貌。

爱情也包含着身体上的吸引，但与欲望不同的是，爱情会让你有了解对方的愿望。这种亲密关系不断深化，会使性生活更加和谐，你们会倾听对方的感受和喜好。爱情是真正关心对方，成为彼此的至交，而不是单纯地享受生理上的"快感"。

在一段感情开始的时候，随着爱情的萌芽，你会产生欲望。但是，持久的爱情并不以理想化或心理投射为基础。真正的爱要经过时间的证明，也需要你实实在在地投身其中。

> **确立当日目标**
>
> 我要懂得欲望与爱情之间的区别。这将会保护我的敏感之心，让我对未来的伴侣抱有切合实际的期望。在恋爱关系中，我要不断询问自己那颗柔软的心是否安然。

2月19日

拒绝一夜情

当你触摸对方时，便会产生能量传递。即便你对性伴侣的感情投入有限，两人之间还是会出现某种程度的融合，而这会对你的感情与身体健康产生影响。

对于女性而言，催产素——母亲在照顾新生儿时会激增的"亲密激素"——在做爱时会增多，所以女性比较容易对对方产生依赖。（有的制药公司还将催产素制成了叫作"信赖之水"的催情剂。）由于绝大多数男性不会出现同样的催产素反应，因此，这种依赖感或许无法得到回报。因操之过急，与对方走得太近，我的许多女性患者都落得了心碎和失望的结局。

高敏感人士非常容易受到能量的影响，因此对他们而言，是没有所谓的一夜情的。你会将性伴侣的压力、恐惧以及快乐吸收到自己体内，也可能感受到因对方的思绪和情绪而产生的直觉。每一次性爱都是一次能量交换，许多非语言信息都是通过身体接触传播的。

确立当日目标

我要记得，亲密的接触会传递巨大的能量。我要对我的性关系做出明智的选择。

2月20日

营造舒适的睡眠环境

在传统的恋爱关系中，伴侣会同床共枕，但一些高敏感人士对此却怎么也无法习惯。你或许是个浅眠者，或许很容易被鼾声和翻身吵醒。或者，为了争取一些安静的时间，你可能喜欢在伴侣或孩子入睡后熬夜。无论你的伴侣有多好，为了一夜安眠，你都可能更喜欢一个人睡。

我喜欢独自入眠时能量畅通无阻的感觉。我爱做梦，每天醒来时都能记起梦的内容，因此，我起床后需要一段安静的时间，把梦记在日记里。不过，我也喜欢和伴侣同床共枕，这是一种让我们觉得心心相印、亲密无间的方法。因此，我们想了一个折中的办法——每周选几个晚上一起入眠，其他时候，我们也会常常依偎在一起。

考虑一下你的选择。你是更喜欢超大双人床垫，还是那种不会留下痕迹的记忆海绵床垫？你会选择分房睡吗？耳塞能不能阻挡噪声？或者，你想把两张单人床拼在一起吗？带着坦诚和关爱，与你的伴侣讨论你对睡眠的偏好，找出一种让你们双方都觉得舒服的解决方法。

确立当日目标

我要做好准备，营造舒适的睡眠环境。当有声音或动作干扰我的睡眠时，我不会默默忍受，我要开诚布公地与我的伴侣讨论这个问题。

释放伴侣的压力

有的时候，你的伴侣会不可避免地遇到不堪重负或心情不好的状况。让你的爱人烦躁不安的，也许是晋升失利，也许是经济问题，或者是糟糕的车况。你或许将会将对方的压力吸收到自己身上，也陷入沮丧或疲倦之中。如果你本来就无精打采，又恰逢你的伴侣也情绪低落，那么两人便会为此更加倍受煎熬。

出现这种情况时，训练自己去认清眼前的境况。不要慌张，你只需认识到："我爱的人正承受着巨大的压力。我需要稳定自己的心绪。"划清边界，告诉自己："这是对方的问题，不是我的。"你心中习惯帮人排忧解难的一面或许想要插手解决问题（无论对方有没有要求你帮忙），但是，请控制住自己。这种冲动会让你付出过多，不仅消耗你的精力，还可能得不到对方的认可或徒劳无功。在倾听对方的心声之前，先做做以下观想练习：

到一个可以独处的私密空间去，哪怕是你的车里也行。缓缓呼吸，让自己镇定下来。随着每次呼吸，想象压力飘向天空，感受压力散去。你也可以想象身体周围有一圈白色的光芒，将压力和负面情绪排斥在外。

观想过后，你就可以带着更多积极的、发自内心的力量和安全感，重新面对当下的问题。

> **确立当日目标**
>
> 我要为面对伴侣的压力做好准备。我要事先规划，稳定自己的情绪，为对方撑起一片充满爱的空间，但不必把解决对方问题的责任扛在自己的肩上。

2月22日

学会放手

努力掌控别人,是件吃力不讨好的事。

放开控制是一种解脱,特别是对那些容易照顾别人或过多付出的人而言。实际上,你能够掌控的人,只有你自己。一旦试图掌控他人的行为、干涉别人做什么或不做什么,你就踏入了与你无关的领域。哪些因素会让我们成为控制狂呢?恐惧、焦虑以及"小我"都会。举例来说,你是否觉得某事除非你亲力亲为,别人肯定做不好?或者,你是否认为除非你左右某个家庭成员的决定,否则他绝对达不成目标?

放手的方式之一,就是带着爱拉开距离。你可以在对某人抱有爱意的同时,允许对方以自己的节奏生活和学习,包括允许他们去犯自己的错误。不要唠叨,说过的话不要不停重复,也不要未经要求就主动提供建议。对一个问题表达一次顾虑当然无可厚非,但是,除了生死攸关的大事,你没有责任控制你爱的人。

确立当日目标

我要允许别人过自己的生活。一旦出现想要掌控别人的情况,我就要学会处理自己的焦虑。我要学会放手,将事情的结果托付给更高的力量。

2月23日

对自己的成长负责

所谓灵魂伴侣,是指与你有强烈连接感的、有天造地设般感情的人。彼此相遇时,你们的心中有什么东西被唤醒了。你们渴望滋养彼此的灵魂,你们同时也是对方的避风港。结伴同行,要比独自上路走得更远。即便如此,灵魂伴侣的关系也并非永远融洽、毫无冲突,你们会将彼此的光明面和黑暗面悉数映出。以这种方式来看待你们的结合,能够帮助你进一步敞开心扉。

然而,如果没有许下共同成长的诺言,你的灵魂伴侣也可能逐渐沦为你的室友。蜜月期一旦结束,你的理想伴侣便会突然开始惹你厌烦,而且出现一身毛病!你的恐惧、焦虑以及其他尚未解决的负面情绪触发因素将一一显现。试着接受这些触发因素,把它们当成灵魂成长的机会。你的灵魂伴侣不是你的救世主或心理医生,而是一个让你去爱、能够给你启发的人。当双方都踏上了灵魂成长的道路,你们的关系就会成为一扇通往亲密关系的神秘世界的大门。

> **确立当日目标**
>
> 我要对灵魂伴侣抱有符合现实的期望,而不是把对方当作我的救世主。我要对自己的成长负责。我要疗愈心中一切阻碍我去爱的因素。

2月24日

事缓则圆

在所有的关系中，都会有一些需要花时间解决的问题。你们或许无法很快找到一个完美的解决方案，或许需要慢慢适应和磨合。在这种情况下，试着接受答案尚未出现的事实。我的一些患者总在努力尝试"解决"恋人、朋友或其他关系中的问题，即使时机并不成熟，而这会引发更多的焦虑、困惑以及争执。

有的时候，不行动才是上策。也就是说，你可以像山一样泰然，等着解决方案自己出现，而不是为了缓解你的焦虑硬要找出个答案来。双方应达成共识，将问题先放一放，创造些喘息的空间，不要把尚未到解决时机的问题拿出来反复讨论。磨炼你的耐心。在冥想过程中，专注于直觉，挖掘解决这一难题的妙方。

确立当日目标

如果在与他人的沟通中遇到了瓶颈，我就要暂缓一下，而不是非要争出个高下。我要相信自己的直觉，相信宇宙会帮我找到答案。

与非高敏感人士沟通

发现自己是个高敏感人士,无异于一种启示。"头脑的灯泡"忽然亮起,霎时间,你便会彻底理解自己对待生活的方式。然而,对于你和其他人而言,适应这个新信息是需要一些时间的。

非高敏感人士与我们有着不同的神经系统,感知生活的方法也不尽相同。他们不会吸收别人的压力,也不具备我们与生俱来的敏感之心和容易陷入的感官超载。当然,就算不是一类人,我们也能求同存异。尊重彼此的不同,才能创造出美好的人际关系。

平和而耐心地让你爱的人以及其他人了解高敏感人士的特征,告诉对方该如何尊重你的需求,包括独处或安静的需求。向他们推荐书籍和文章——许多人连"高敏感人士"这个词都没听过!如果他们觉得这个概念太"玄",那就使用"敏感者"这个词,这听上去或许更容易让人接受。对有些永远也不会理解的人,最明智的方法是干脆放弃。但是,还是会有很多人感谢你能分享自己的这一面,从而深化你们之间的感情。

> **确立当日目标**
>
> 我要让我爱的人了解我作为高敏感人士的体验。我要耐心讲解,不要一次向他们灌输过多的信息。我会回答他们的问题,让他们按照自己的步调消化我与他们分享的信息。

2月26日

轻松交际

高敏感人士容易在人际关系中用心太切，他们的付出要大于所得。你希望每个人都受到照顾、得到满足、快快乐乐，你会为解决他人的问题操很多心，当努力无果时，你或许会因此心烦意乱。这种做法的问题在于，你对待问题过于认真，使得压力在人际关系中和你的内心不断堆积。

你大可不必这么操心。你要意识到自己并不孤独，这是一种巨大的慰藉，更高能量永远伴在你的左右。它会给你启发，让你在面对问题时不必煞费苦心，并选择比现有的解决方案更加高明的途径。

一旦发现自己对生活过于严肃、小题大做，就深吸一口气，告诉自己："我要轻松对待人际关系。我不必将问题放进'高压锅'里，也不必让我的焦虑影响融洽的关系。"然后，静候答案以自己的步调不疾不徐地浮出水面。

确立当日目标

在人际关系中，我不必操这么多心。对待事情不必过于认真。我要深深地呼吸，请求直觉给我帮助。

2月27日

接受自己，不求完美

灵魂成长的目的，就是培养同情心和智慧。这也是为了打开你的内心，让你实现更为充分的觉醒。这件事的目标并非"变得完美"。日本传统的"侘寂"美学认为，不对称、凹凸不平或有裂痕，都是自然万物的本来面貌，它们都是美好的存在。

我同意十二步恢复疗法中"追求进步，但不追求完美"的理念。请将"必须完美无瑕"的观点从你脑中抹去。完美不但毫无趣味可言，也是无法企及的。

你的不完美让你充满了趣味，因此，你应追求卓越，而不是完美，成为你能成为的最好的自己。人类既是不完美而混乱的，同时又奇妙得不可思议。作为自我关怀的一个环节，你要推翻你从家人、朋友或社会中接收的必须拥有完美身材、伴侣或工作的理念。虽然你会随着逐渐觉醒而不断进化，但你本身就已完美。在人生的任何领域，都不要放弃对爱的追寻。聆听你的直觉，让它指引你去寻找适合你的人、地方以及环境。

确立当日目标

在不断成长的过程中，我要珍惜自己的进步。我不应被完美的幻象所迷惑。我要接受完整的自己，也要明白，我是一件未完成的伟大艺术品。

2月28日

灵活应对社交需求

社交是件很有趣的事，但你必须知道自己的极限在哪里。如果你和我一样是个内向的高敏感人士，那你就可能因社交过度而手足无措，或者对闲聊并不感兴趣。嘈杂的饭店或是喧嚣的派对都可能对我那敏感的神经造成过度的刺激。另外，虽然你已筋疲力尽，想要回家，但你仍可能碍于情面而在聚会上逗留过久。与此相比，外向的高敏感人士可能会因社交而精神百倍，但事后，他们仍需要时间来解除压力。

提前想好自我关怀的策略来驾驭社交场合，能为你缓解诸多压力。比如，你可以问自己："对我来说，理想的社交时间上限是多久？"我的上限一般来说是3个小时，但如果感到疲劳，我也可能提前离场。比起大型聚会，你是否更喜欢规模小些的聚会呢？你是喜欢与别人一同前往聚会地点，还是倾向于自己开车或叫出租车或网约车呢？如果你的伴侣或朋友想要多待一会儿，你可以安排好自己的出行方式，这样就不会被困在那里了。将你的需求传达清楚，这不仅能巩固你的自我关怀计划，也能助你在这个社会上更加游刃有余。

> **确立当日目标**
>
> 为了缓解社交场合的压力，我要认识到自己的敏感之心的需求，并采取相应的行动。我不必把自己困在令人不舒服的环境中。

2月29日①

平衡个人需求和社会需求

你或许会感到，独处与维持社会关系之间有一条微妙的分界线。要想活得精彩，你就要学会平衡这两种需求。

与我许多敏感的患者一样，你也许会走极端。要么躲起来，顾影自怜，要么与太多人打交道，把自己搞得应接不暇。请每天都坦诚地与自己的内心对话，以免被本可以轻松转交出去的责任或义务所困。你不应成为日程表的人质。

一定要安排足够的独处时间和高质量的社交时间，这二者会从不同的角度满足你的需求。如果你更喜欢和朋友一起散步而不是出门购物，那就尊重这个事实。如果你想在家和宠物待一天，也要尊重这个事实。不断地回归你的直觉，看看什么样的交流会让你充满活力、神清气爽。

---

① 这一天每四年出现一次。

> **确立当日目标**
>
> 我要留心平衡独处与社交的时间。在条件允许的情况下，我会根据我的能量高低和敏感需求来调整日程安排。

三月

更新你的人生目标,
每天都是新的一天

3月1日

关注内在能量

你是否希望精力充沛地起床，一整天都活力满满呢？充满能量对你的健康至关重要，因此，请调用直觉去感受你的身体。早上问问自己："我的能量是高涨、正常还是低落？"在一天里不断地问自己："我的能量会在何时达到顶峰或跌落谷底？"

你或许会在冬天更加倦怠，因为日光照射的时间较短。但现在，随着白天越来越长，你的活力可能会有所增加。注意你的能量如何随着光照而波动，这有助于你在必要的时候给予自己额外的关怀。

我们的主要能量来源包括食物、锻炼、休息、人际关系、冥想以及自然。在日记里记录你现在的情况。你能否从各个能量来源最大限度地获取能量？如果不能，你可以改善哪些来源呢？摄取更纯净的食物？不与耗损你精力的人打那么多交道？提高冥想的频率？累了就休息？在自家小院里调理身心？通过这些方式关注自己的能量，不仅能够提高生活质量，也能帮你呵护敏感之心。

确立当日目标

我要训练自己，多关注自己的内在能量。面对让我身心俱疲或精力充沛的人或事时，我要聆听自己的直觉。

3月2日

控制情绪触发因素

情绪触发因素就是你心中那些很容易被别人的行为或言论触发的点。一旦触发，你要么会在情感上退缩，陷入伤心或愤懑，要么会做出激烈的反应，之后又追悔莫及。反应之所以如此激烈，是因为你在抵御一种已然涌上心头的痛苦情绪。

你的情绪触发因素是有待疗愈的创伤，这种创伤很多人都有。当你发现它们的真面目时，请温柔地对待自己。思考一下最能激起你情绪的五大触发因素。如果有人说"你简直太敏感了"、"亲爱的，你最近长胖了"或者"你这种年龄已经不该谈恋爱了"，就将这些言论视为一种提示，用来疗愈你的不安全感。对内心中认为自己存在缺陷、对自己的身材不认可或是觉得自己不值得拥有另一半的部分，你需要带着同情与理解加以审视。

找到触发情绪的因素会让你如释重负，因为你不再会因别人不合时宜的言论而乱了阵脚或垂头丧气。这些言论或许依然会让你心烦，但已经失去了将你打垮的威力。

确立当日目标

我要找到我的情绪触发因素，并带着仁爱承诺治愈它们。受到刺激时，我要按下暂停键，而不是马上做出反应。

3月3日

不要被过去的经历掌控

许多高敏感人士都经历过艰难的成长、童年的创伤以及痛苦的人际关系。在不被家人重视的环境中成长，或许会对你的自信心造成伤害。也许从来没有人肯为你挺身而出，或是为你申辩说："这个敏感的人应该得到欣赏。"习惯了独处以及没人支持的感觉，或许会继而影响你成年后的人际关系。因此，你才会选择那些难以相处的伴侣，比如那些无法给予你无条件的关爱或无法尊重你的敏感之心的自恋者。

无论过去发生了什么，现在都是你重新焕发光彩的时机。每一天都会出现新的机遇，让你去寻找乐观的人与积极的事。创造在方方面面给你滋养的美好人生，永远为时不晚。

确立当日目标

当过去的消极事件再度出现时，我要告诉自己："我的过去无法掌控我。现在，我充满了力量，我值得拥有幸福。"

3月4日

每天都是新的一天

诗人沃尔特·惠特曼曾写道:"我辽阔博大,我包罗万象。"这句话让我感触颇深,尤其是在我被恐惧压倒,躲进自己的"小我"中时。这句话可以提醒每一个人,我们比自己的恐惧更强大,这样一来,我们就可以寻回内心那永恒的力量。

每天清晨,你睁开眼睛,面对的都是崭新的一天。改变自己,变得比你的恐惧更强大,创造出一种能滋养你的生活,这些可能性永远都存在。

随着春天的来临,若侧耳倾听,你便可以凭直觉知道,地球即将带着生机醒来。尽管冬天的蛰伏状态尚未解除,但迎接自然界和你体内新生的第一缕萌动,仍然让人心潮澎湃。无论你的年龄、健康状况、工作环境如何,也无论你单身与否,新的可能性都在眼前。这是一个充满乐观与希望的时刻。敞开胸怀,让神奇的宇宙为你展开。

> **确立当日目标**
>
> 每一天都是一种新的可能性,我要以开放的心态接受一切机会。我期待人生以积极而充满惊喜的方式发生改变。

3月5日

平静心情，保护自己

当你感到偏离了重心或是过度疲劳时，可以尝试将不同种类的水晶石握在手里，以此恢复平静。自古以来，人们便相信水晶石拥有疗愈的特性，可以让你感到身心健康、精力充沛、受到庇护。我的许多高敏感患者对水晶石的功效非常敏感。你也可以使用水晶石，将它作为一种平静心绪的自我关怀方式。

要想知道你对某种水晶石的特性是否有反应，最好的方法就是用手握住它或把它戴在身上，看看你的感觉如何。一些治疗师建议睡觉时把紫水晶放在枕下来缓解失眠。有的宝石可以抵御消极能量，比如黑色或粉色的碧玺以及黑曜石。我喜欢佩戴一枚玉坠。我还有一种叫作"忘忧石"的光滑宝石，上面有一个拇指大小的凹痕。我常常用拇指在宝石上来回轻轻摩擦，以缓解焦虑。

确立当日目标

在压力巨大或与散发负能量的人相处时，我会手握宝石，平静心情，保护自己。

三月

3月6日

用爱烹饪

　　食物能够滋养生命，若在其中灌注爱，则更能增强其营养。所以，用爱烹饪的食物要比没有倾注爱的食物有更强的疗愈作用。准备一顿菜肴时，用爱加持食物。这样做，能给食物注入积极的能量。在餐馆里，若有哪位服务员带着沮丧甚至愤怒将你的餐盘往桌上一扔，营造出的效果自然截然相反，这些负面的情绪也会浸染食物。当你为自己或爱人烹饪一顿饭时，用直觉选择最完美的香料和食材，你在做这些决定时倾注的爱心，也会通过食物传递出去。如果想要表达尊敬和感激，请在吃饭前进行祷告，感谢更高能量和地球给予我们这顿饭的滋养，让我们得以生存，获得福祉。

> **确立当日目标**
>
> 我要带着觉知和爱烹饪饭菜。在饭店用餐或是食用预制食品时，在享用之前，我要用一段祈祷加持食物，将我的爱注入其中。

健康饮食

　　药食同源。想象一下，如果只食用高能量的健康食品，拒绝那些损耗你精力的食品，那么你的身体会有多么精力充沛。高能量食品是新鲜的、有机的、非转基因的、未加工的、不含防腐剂和抗生素的食品。当地出产的生鲜品含有最丰富的生命力，能够改善你的健康，让你的头脑更加清晰。

　　你那敏感的身体系统对于任何摄入的东西都会迅速产生反应，尤其是食物。你应该借助合适的营养元素来稳定生理机能和情绪，特别要留心你对糖的反应。经过加工的糖会导致情绪和能量的波动，使身体遭到损耗。

　　留心回顾你今天的饮食。看看哪些食物赋予你持续、稳定的能量，哪些则给你带来"脑雾"、倦怠感或是情绪或能量的反常起落。或许你一次只能针对一种食物做检测。这些有用的信息会帮助你，让你做出最适合你身体状况的营养选择。

确立当日目标

我要体会不同的食物如何影响我的身体。我会选择那些健康、均衡、充满生命力的食物。

3月8日

切忌暴饮暴食

情绪失控时，高敏感人士会在不知不觉间暴饮暴食。你会变成一块海绵，将所有人的压力都吸收到自己体内。如果身体瘦弱，身上的"防护垫"较少，你也许会更容易吸收他人的情绪。20世纪早期的信仰疗愈者就以肥胖闻名，这就是为了防止自己感染上患者的症状。我发现，很多高敏感人士都在不知不觉间落入了这个陷阱。

思考一下，你是否会用暴食来自我保护。我的一些患者之所以体重增加，就是为了缓解家庭或工作中的压力。如果你也对此有所体会，那么引起你饥饿的根源或许就是能量。要想不再通过暴饮暴食或错误饮食应对压力，你可以尝试在冰箱附近放置一个冥想牌，提醒自己在伸手开门前稳定心情。利用这一技巧和本书中的其他保护措施，可以坚定自己的内心，让自我关怀策略得到巩固。

确立当日目标

我不需要把多余的脂肪作为铠甲，我要练习冥想和观想，使自己内心平静，保护自己。

克服对食物的渴望

当你产生暴饮暴食的渴望时，深呼吸，稳定心情，然后冥想以下内容：

> 我要让暴饮暴食的想法像天空中的云朵一样轻轻飘过。无论这些感受有多强烈，我都不会为此挂心。我要不断地回归自己的呼吸，专注于吸气和呼气的轻柔动作。我要请求更高能量来抚平我的渴望。随着渴望的消散，我要在心中重复这句话："我是安全的，我是完整的，我是被保护的。"我要专注于心中爱的能量，让这能量贯穿我的全身。没有什么能伤害到我。爱就是一切。我的身体是坚实的，它与大地联通，充满更高能量的无限慈爱。

确立当日目标

我要把对食物的渴望当作安住当下的提醒。我无须不断满足欲望，我可以将这些欲望释放到无边无际、无所不包的爱的网络之中。

3月10日

学会自我安抚

自我安抚，就是在艰难的环境中或是负面情绪发作时让自己镇定下来。像我的许多拥有高敏感人士特质的患者一样，你可能也还没有学会自我安抚的技能。当压力来袭时，你无从抵御，也没有办法寻找安慰。

如果幸运的话，在还是婴儿或幼童时，我们就有过第一次受到安抚的经历。当你沮丧时，父母会把你抱在怀里轻轻摇晃，这当然是最理想的情况。由此释放出的"拥抱激素"催产素，会给你带来安全感。接下来，父母便会安慰你说："别担心，亲爱的。一切都会好起来的。"你从他们那里学会了这种技能，开始自己安慰自己。但是，如果你没有这种体验，那么世界在你看来或许就是一个危险之地。因此，你不但不会做最好的打算，反而会想象最糟的情况。

但现在，作为成年人的你，可以化身为关爱自己的父母，学会自我安抚。当忧虑出现时，告诉自己："一切安好。让我们一起渡过难关。"与此同时，把手放在自己的心上，激发无条件的爱，这，便是世界上最伟大的抚慰。

确立当日目标

每天，我都要通过实践自我安抚的技巧来释放压力。我要通过语言，不断向自己传达慰藉与理解。

水的疗愈

水中包含着丰富的生命力，水也是来自地球的礼物。水是健康和保湿必不可少的因素，同时也能将毒素和负能量从你的体内冲走。如果感到超出负荷或压力过大，那就立刻喝一杯水。你也可以往脸上泼上一些水，或者用水洗手。

你所需要的水比你想象的要多。许多人只有在口干舌燥的时候才想起要喝水，其实，最好在口渴之前就开始饮水。每人一天需要摄入至少 6 杯 230 毫升的水。不要用咖啡或苏打水来代替纯水，瓶装水和过滤水才是最好的。玻璃容器好过塑料容器，因为塑料容器会将化学物质释放到饮用水中。

水可以用来治疗和解毒。水构成了我们身体的 2/3，能与我们的细胞产生神圣、和谐的共振。正如诗人鲁米所说："我们知晓纯净之水的味道。"

确立当日目标

我感激地球之水。每喝一杯水，我都要对地球道声谢，以此感激水对我的生命和我们的星球起到的疗愈作用。

3月12日

表达真实感受

你是否因为害怕得罪别人而过分礼貌？你会不会因为担心影响别人的心情而忍受无聊的谈话？你是否会将别人的需求置于自己的需求之上？敏感的人往往会为了取悦他人而压制自己的声音。留心想一想，你是不是这种人。

开口表达真实感受能够缓解一切自卑或害怕遭拒的心理。这也能打开你的"喉轮"，也就是负责沟通的能量中心。你可以礼貌而友善地说出自己的想法，不要带着粗暴或愤怒。如果这种新行为让你感到磨不开面子，那就干脆"假装"出勇气，权当是一次尝试，从你生活中容易相处的人开始实验。表达自己的感受能够保护你，让你不至于沦为感情上的出气筒或殉道者。

> **确立当日目标**
>
> 如果怯于表达真实感受，我就要练习将自己的想法和需求说出口。这不仅让我感到自己正在变得强大，也有助于我的能量畅通无阻地流动。

3 分钟通话

有的人会打几个小时的电话来倾诉他们的问题。你想当一个称职的朋友，但这些冗长的谈话会让你精疲力竭。当朋友陷入危机时，你当然会想伸出援手。然而，如果对方开始用"我真命苦"的态度扮演受害者或是一直在原地止步不前，那么，划清界限更有利于你的身心。

3 分钟通话是一种有效的应对方法。简短地听听对方的问题，让对方知道你在乎。然后冷静而坚定地告诉对方，如果不想讨论解决方案，你只能倾听几分钟。你甚至可以建议他们寻求治疗，从而找到解决问题的方法。为谈话时间设限是一种充满关爱的行为方式，它不助长无意义的纵容，却让你在朋友准备好面对问题时能鼎力相助。

确立当日目标

我不必没完没了地聆听陷入"我真命苦"的心态中的朋友、家人或同事的抱怨。我可以带着善意限定此类通话的时长。

3月14日

打破挽救他人的习惯

高敏感人士总是想要为遇到困难或陷入痛苦的人提供帮助，对陌生人也是如此。后退一步袖手旁观或许很难做到。面对这种情况，了解富有同情心和作为高敏感人士之间的区别是很有帮助的。当你的心灵与某人产生共感时，同情心便油然而生，但是，所谓的共感指的是伸出援手，为别人抹去伤痛。要想维持稳定的心情，就要确保拥有恰到好处的同情心。

你会尽己所能地支持所爱的人，这是本性使然。但是总有一天，他们还是需要面对自己的问题。我知道，看到自己关爱的人痛苦挣扎，会让你感叹爱莫能助。但是，陷入对方的负面情绪或是未经同意就主动给出建议，对于对方而言会适得其反，对你自己而言则是浪费精力。想要适应亲密关系，你有时就得后退一步，想一想：对方到底能否自己解决问题？你必须与这种不确定性和平共处。在给予空间的时候，永远为对方送上美好的祝愿和善意的祈祷。除此之外，我觉得"这不是我的责任"这句口诀也很有效。重复这句口诀，你便会觉得自己不再那么急于挽救他人了。

确立当日目标

我没有义务挽救任何人或解决任何人的问题。我要在恰到好处的同情心和后退一步之间掌握好平衡。

不质疑真相

从我还是一个小女孩的时候起,就经常有人告诉我:"你是唯一一个有这种感觉的人。"在任何敏感之人听来,这句话都会让他们觉得自己不正常。当感到茫然或是对自己的反应不甚自信时,我就会质疑自己:"如果没有人跟我的感觉一样,那么我的体验就是不真实的。"随着在高敏感人士的道路上逐渐成熟,我意识到,别人是否与我有同样的反应并不重要。如果我有所感触,那么这感触就是真实的。

我也希望你能够认清自己的反应的价值。如果你因摄入某种药物而出现了从未有人报告过的反应,你的反应就是真实存在的。如果你在一个大家交口称赞的人身边却感到心力交瘁,你的反应也是真实的。如果你觉得一份工作很适合自己,但父母或其他权威人士不同意,那就相信你的直觉。对有建设性的批评中的可取之处加以审视,这种做法往往是明智的,但底线是你必须相信自己。

> **确立当日目标**
>
> 我对生活的感知方式或许独一无二。即便我是唯一一个拥有某种感受的人,我的反应也是真实有效的。我不会质疑属于自己的真相。

3月15日

3月16日

学会放弃

有的时候，在面对某人、某个项目或某种情况时，你或许无力再做推进，陷入了暂时或永久的僵局之中。明智的想法是，你要认识到，再多的推进或开导都是徒劳。你无法强迫你的伴侣主动表达感情，无法强迫一个彻头彻尾的自恋狂朋友用同理心待人，也无法强迫一个不愿恋爱的人全身心投入你们的感情之中。

在《易经》这本关于变化的中国古书中谈到，只有在当下有所节制，才能为有需之时做好准备。因此，一定程度的局限是明智而有益的。同时，这本书也描述了希望达成目标却遭遇障碍的情况，这时，你必须知道何时放弃。在休养生息期间，你可以积聚更多的能量，以便在合适的时机发挥出更大的势能。

确立当日目标

我要认识到，局限性是生命固有的组成部分。我要顺其自然，不能操之过急、揠苗助长。

3月17日

相信你的直觉

直觉是一种非线性的知识，它来自本能、灵感、梦境，而不是严格的逻辑。研究表明，我们的肠胃里存在着一个叫作"肠神经系统"的"大脑"，其中含有类似于大脑神经递质的介质，可以用来传输信息。你的肠胃相当于一个"直觉智慧"的中枢，请聆听它传输的关于人与事的智慧。

今天，请特别留心你的肠胃想要告诉你的事情。把注意力放在一位同事、朋友或家人身上，然后留心你的肠胃有什么反应。在与这个人共处时，你的肠胃是感到舒适、放松而充满活力，还是恶心欲呕或非常紧张？你有没有那种"心里一沉"的感觉？注意肠胃传输给你的直觉信息，它能够帮助你更加准确地识人。如此一来，你就能够建立起一个让你的身体感觉舒适的社交圈了。

确立当日目标

我要让直觉引导我的生活。我要相信我的直觉，不让理性分析的大脑凌驾于直觉传递的信息之上。

3月18日

跳出现有的家庭模式

高敏感人士通常是一个家庭中的"光明使者"。当你意识到自己的敏感之心并开始疗愈自己时,你就会发现,你就是那个被选中的人,要去打破代代相传的充满失衡或施虐的家庭模式。强大的高敏感人士的一个职责,便是培养自己的自信和自尊。你要学会在别人不尊重你的时候划定界限。对不支持你的敏感或最高自我的家人或其他人说"不",这就是在为切断这种根深蒂固的消极模式贡献一己之力。

付出即所得。虽然你可能不是有意要改变自己的家庭模式,但要想切断一个家族中重复出现的有害模式,你只需拥有勇气便可完成。这个重大的决定不但有益于你的人生,而且对未来几代人的人生也大有好处。

确立当日目标

我要接受自己在改变现有家庭模式中所扮演的角色。我要做出我希望看到的改变。我的个人成长会为我的家族带来积极的影响。

3月19日

再次出发

在春季到来前夕，感受新的光明在你的体内和这个世界逐渐展露。崭新的奇迹已近在眼前，更加强烈的光芒即将惠泽苍穹，冬日也将随之退去。这段高速发展之前的时光令人心潮澎湃。为了彻底地苏醒，你或许已经等候了整整一个冬天甚至更长的时间。感受重生的来临。你马上就可以将身上不再对自己有益的层层负担卸下。在 90 岁高龄时，曾获美国桂冠诗人殊荣的斯坦利·库尼茨说："我的人生转型依然没有完成。"无论你的年龄和所处环境如何，积极的改变都有可能来临。敞开心扉，迎接春天的种种可能，迎接新光展露带来的美妙体验吧。

确立当日目标

我要为再次出发做好准备。我要兴奋地等待春季的到来，拥抱身体和心灵的不断转变。

春季

重生，成长，复苏

万物皆于春天复苏。随着寒冷和黑暗的退去，白昼逐渐变长。自然世界从蛰伏与冬眠中苏醒。花儿盛放，用它们甜美的香气、鲜艳的色泽以及灿烂的生机惠泽我们。气元素是春季的象征，代表着轻盈、空间以及负担的释放。

高敏感人士恢复了活力。你可以感受到来自希望、纯真以及自然之美的积极能量。高敏感人士热爱花园、鸟鸣、雨后的彩虹、新鲜的绿草。雨水充沛，小溪水位上涨，四处都孕育着生机。对于许多生物来说，春季是交配的时节。

春季为你提供了一个崭新的开始。这是改头换面、重新来过、发挥创意、举行毕业典礼和婚礼的季节，你将带着重新寻回的热情追寻自己的梦想。春季是引燃创意和灵感的绝佳时机。你还可以培养新的习惯，清理房间的杂物。不要纠结于以前的艰难险阻，而是要重新对焦，关注春日和未来的光明。

高敏感人士可能会面临的一个挑战是，你或许会因春季的强大能量而失去平衡。你会不假思索地过早投入新的关系、恋情以及项目之中，你会变得过于理想化，或是担起太多的责任。

若没有足够的独处时间，你或许仍找不到前进的方向。平衡对于你的身心健康而言至关重要。在昼夜长短相等的春分日，大自然向我们展示了一种绝妙的平衡。让这一天给你激励，稳定心境，寻找平衡。

3月20日

感受春的生机

春天是播种快乐与希望的时节。在你的直觉与自然世界同步盛放之时，与直觉保持联结。空气中弥漫着清新的气息，激发着你的创造力。想一想：在这个季节，你想培养敏感之心的哪些方面？你的直觉？同情心？与自然的联结？或者是让亲密关系更进一步？随着我们关注的焦点从冬天的内观过渡到春季的向外绽放之力，这一切都有可能实现。

感受这正在发生的美好重生，观察景物的变化。树上是否冒出了嫩芽？鲜花是否已经绽放？你能听到鸟儿啁啾和雨声淅沥吗？你能闻到什么味道呢？尽享万物的丰茂吧。同样，在冥想或静思时，专注于日夜等长的春分营造出的平衡感，这种感觉平和、稳定、宁静而完整。昼夜平分的力量，预示着春季将在你的体内降临，并在地球上盛放。

> **确立当日目标**
>
> 我要专注于春天的到来，感受它的生机为我注入能量。我要让我的敏感之心随之绽放。

3月21日

更新人生目标和爱好

更新你为了实现梦想而许下的承诺。许下誓言,剔除所谓的"应该做的事",用"我的爱好是……"来代替。你的爱好基于深藏体内、激励你行动起来的本性。独自静坐,直到你找到这种本性为止。将头脑中所有不停为你指点"正道"的杂音暂放一边,包括父母的声音。他人的意见不能左右你,你的热情必须基于你的内心。

我相信,人生在世的首要目标就是找到我们的人生价值。工作、人际关系以及财务等所有事务,都是为这个目标服务的。人生有起有落,当你能够驾驭这些情感和变化的浪潮,同时忠于自己的本心,你便实现了一个至关重要的目标,它能让你在做任何选择时都更加明智。人生最大的成就,就是提升你的心力,从而让你的生活和整个世界都变得更加美好。

确立当日目标

我要聆听我的直觉,寻找人生的意义。
我要忠于内心深处的真理。
我要在直觉指引的道路上坚持不懈地走下去。

3月22日

凤凰涅槃

在希腊神话中，凤凰是一种多彩的神鸟，它能从燃烧自己的灰烬中重生。这个过程象征着力量、坚持以及从头来过——即使是在看似万劫不复的绝境。它也象征着战胜黑暗，通过努力获得成功。

春季是一个有助于你生命中的"凤凰"重生的时节。我们都经历了循环往复的变化，现在，是时候重建你的目标和事业了。关键在于，将所有告诉你"伟大的重生是痴人说梦"的声音忘掉。即使努力之后仍然无法实现某个让你魂牵梦萦的目标，春季仍会带给你更加充沛的能量。

"凤凰重生"时所呈现的形态或许与你的想象有出入，但请对"凤凰"变幻出的形态保持开放的态度。一段恋情或许已经走到尽头，但一段新的恋情却近在咫尺；一份你原本以为遥不可及的工作可能又一次摆在了你的面前。如果你曾感到疲惫或沮丧，一股活力便会在这个时节贯穿你的全身。集中精力，注意不同形态的重生以何种方式呈现在你的面前。

> **确立当日目标**
>
> 我要充满希望，我不会沉溺于过去的挫折。即使经历了艰难时期，我也要敞开心扉，期待梦想以崭新或不同的形式成为现实。

3月23日

清理杂物

传统的春季大扫除，指的是在冬季过后给自己的家来一次大翻新。天气逐渐转暖，打开你的窗户，让新鲜空气进入房间，扫扫地或吸吸尘，整理桌面上、壁橱里和抽屉里的杂物。在清扫的过程中，因失去或改变而产生的焦虑等情绪会自然出现，让你的情绪流动起来，但不要让它们阻碍你的清理。

研究表明，散乱的环境会增加你的压力，削弱你的注意力。也许你和我一样，在桌面整洁时，思绪会更加清晰——堆满桌案的文件或散落房间的杂物都会让我感到无所适从。高敏感人士群体更加适合极简而洁净的环境。

杂物会阻碍能量流通。除了收拾桌案和衣橱，还要清理冰箱，将旧衣物捐出去，把杂志或报纸扔掉。另外也应整理钱包，将旧收据、名片或是购物清单清理干净。将窗户擦洗得闪闪发亮，能使你的感知能力更加敏锐。通过这个清理的过程，你的能量和精神也会变得更加轻盈与明澈。

确立当日目标

我要动手清理生活中的杂物，以一个舒服的步调将杂物清理干净。这能扫清老旧能量，允许新的可能性进入我的生活。

三月

3月24日

再接再厉

如果你度过了一段艰难的时光，情况并没有朝着理想的方向发展，那也不要放弃希望。春季是一个重新开始的时节，之前曾经紧闭的大门，现在或许已经敞开。做好准备迎接重新开始的奇迹，无论是在自己的生命中从头来过，还是给予他人再试一次的机会。

如果你相信命运将赐予你再接再厉的机会，那么它们就真的会降临。恩典是更高能量在你生命中的影响，是好运的一份馈赠。恩典从不记仇。你或许曾经犯过错误或是在无意中伤害过别人，如果真的如此，那就好好审视如何在当下做出改变。请务必与你曾经伤害过的人和解，这会为崭新的开始扫清路障。

确立当日目标

我值得拥有重新开始的机会。我愿敞开心扉，接受恩典的帮助。如果直觉指引我给别人重新开始的机会，那我便会听从直觉。

与积极的人快乐共处

积极的人将生活视为一个半满而非半空的杯子。他们真诚、体贴，愿意从自己的错误中吸取教训。他们会散发出一种让人感到温暖和轻松的能量，使大家乐于与他们共处。积极的人不会惺惺作态，也不会只想着自己。他们富有同情心和包容心，能够接受你原本的样子。当然，没有人能时刻保持完美无瑕或积极向上，但积极的人会努力带着同理心和乐观的态度面对生活。

今天，花几小时的时间，与给你带来活力、能让你开怀大笑的积极的人相处。不要主动与任何惹你不悦或是耗费你精力的人交流。留心选择与你相处的对象，这能够让你更加有活力。

确立当日目标

我有权利选择与谁相处。我会找到生活中积极的人，并主动与他们接触。我要珍惜他们的价值。

3月26日

春之重生

世界上的每一股浪潮，都能带来新的灵感。

世界上的每一股浪潮，都能带来新鲜与活力。

这潮汐来自远古，充满律动。

海浪之声将我们与体内的水元素联系在一起。

我们能感觉到这牵拉之力，身心也随之波动。

当浪潮激发我们的想象力和好奇心时，我们的梦想也随之跃动。

你的生命力灵动而充盈。

春季是你重新开始的机会。

让每一股浪潮和你经历的每一个生命周期，指引你深入自己的内心和生命的神秘之域。

确立当日目标

我要让自己充满鲜活灵动和焕然一新的感觉。我要为人生中的春之重生做好准备。我的生命力会变得越来越强大。我要对自己选择的道路充满信心。

色彩的力量

色彩会释放出不同的能量，对你的情绪和身体健康产生影响。请注意你会本能地对哪些色彩产生反应。哪些颜色会让你感到更加平静，绿色、蓝色，还是紫色？哪些颜色会让你充满活力？你的活力或许会被红色、橙色或黄色唤起。你偏好亮色还是大地色？春季总是与亮眼而鲜明的清淡、柔和的色彩有关。嫩草带来的第一抹亮眼的绿色最得我心，洋溢满满的幸福感。

一旦找出与你的敏感之心相符的色彩，就用它们来点缀住所，也可以搭配相应颜色的衣着，让自己感到舒适。了解你对色彩的反应能够带来身心平衡，也能让你营造出使人心境平和的环境，滋养敏感的灵魂。

确立当日目标

我要留心不同的色彩如何影响我的情绪和能量。我要将那些与我产生共振的色彩纳入住所和衣橱。

3月28日

与小动物交流

动物是无条件之爱的导师。它们能通过许多途径疗愈我们，缓解我们的压力。你或许是个对动物高度敏感的人，与地球生灵之间有种特殊的情感。你可以与动物交流，知悉它们的需求。你想要保护它们，也想要保护它们的自然栖息地。

我深爱着我那如同灵魂伴侣一般的狗狗，它名叫派普，它始终从情感上给予我支持，伴我从医学院毕业。每隔三天，我都要在精神科的急诊室值夜班，回家时已经筋疲力尽，但它总能让一切都美好起来。我会跟它聊天，倾诉我的烦恼，它也会与我同床共枕。拥有这样一位忠实的伙伴，给了我莫大的安慰。

许多敏感的人都喜爱动物。今天，花些时间享受动物伙伴的陪伴吧，和它们依偎在一起，一同玩乐，亲密相处吧。如果你家里没有动物，那就对街上或公园里路过的动物微笑，或是逗逗邻居家的宠物。一些高敏感人士会通过狗狗"医生"来缓解他们的焦虑感。与动物伙伴交流互动或是在自然环境中亲近它们，对敏感之人来说都是有益的。

> **确立当日目标**
>
> 我要让动物开启我顽皮嬉戏的一面。我要感受它们无条件的爱，享受它们忠实的陪伴。

3月29日

接触大地

环境健康领域的一项突破性研究向我们展示了身体健康方面的一个全新洞见——令人惊奇的是，这竟没有得到我们的重视——重新建立与大自然的联结能够改善睡眠、减轻疼痛，有助于身心整体健康。你可以赤脚在外走路，席地而坐或是躺在地上入眠，以此体验与大地接触的益处。

当感官超载、感到疲倦或只是想要提升自己的能量时，你都可以利用与大地接触带来的益处。脱下鞋子，在草地或海滩上走一走或者躺一会儿。感受自己与大地融为一体，将一切有毒的情绪释放出去。你甚至可以把电脑带到户外，坐在地上办公。打理出一片花园并悉心照料，即便只是在窗外安装一个简单的花槽，也是一种接触大地的美妙方法。

确立当日目标

我要赤脚走在草地上，或是将双手放在地面，来吸收那些疗愈身心的能量。我要与地球的能量融合，让身心安住于当下。

3月30日

梦的引导

梦境是一种强大的直觉，有助于你获得人生指引。被我称为"梦想者"的高度敏感之人，往往深深痴迷于梦境，并在梦境中如鱼得水。梦境会绕开你的"小我"，让你敞开心门，接受直觉的引导。梦境对我而言一向是神圣的。清早一醒来，我便会将自己的梦境记在日记中，看看梦中的信息该如何应用于生活。如果你也想记住自己的梦境，可以用下面的方式：

把你的梦记在日记里。将日记本和一支笔一起放在床边，在入睡之前提一个问题，比如"我怎样才能找到合适的工作？"或者"我怎样才能解决和儿子的分歧？"。一觉醒来后，在睡眠和清醒之间的状态下保持几分钟，在这种状态下回忆梦境，然后将你记起的信息记录下来，寻找自己的答案。

> **确立当日目标**
>
> 在接下来的一周，我要向我的梦境提出一个问题，在第二天早晨将记起的所有信息记录下来，哪怕只是一个单独的场景。通过实践，我在这方面的能力也会与日俱增。

3月31日

冲破藩篱

为了向新的成长致敬,你可以随时重复以下这段关于强大的敏感之心的声明:

> 我已做好准备,让我的爱和喜悦冲破藩篱。
> 我即将绽放,那盛况超乎我最疯狂的想象。
> 我既强大又聪慧。
> 我知道如何轻松绕过障碍,
> 也知道如何守护我的本心。
> 我向更高能量和宇宙中所有狂野而博爱的力量敞开胸怀,
> 让我的灵魂做好迎接路上一切恩泽的准备。
> 我要冲破一切曾经在过去阻挡过我的藩篱。
> 我要让春天唤醒我的力量,让我的灵魂自由翱翔。

确立当日目标

我要允许自己在内在和外在生活中拓展至新的疆域。我要打破过去的所有藩篱,达到成功的新高度,并对这种状态感到满足。

四月

释放焦虑,接受他人本来的样子

4月1日

专注于自己的人生

你的人生是为你的个人发展量身定做的。你遇见的每一个人和每一种处境,都注定对你的成长有所助益。

社会无情地强迫我们将自己与他人做比较。你可能会想:"谁拥有最多的钱?最高的社会地位?最完美的体形?最多的朋友?"攀比的习惯来自我们的"小我",也就是受恐惧支配、很难看到整体的那个部分。如果你想拥有更广博、更明澈的视角,那就让自己的意识上升一个层面,立于山巅而不是站在地面上看待自己和所有人。这样一来你就会发现,更多,不一定代表着更好。

无论积累了多少财物,每个人都有苦恼的事情。虽然有些人肩负的重担在你看来不那么明显,但人人都在倾尽全力。

对自己和他人抱有同情之心。感激这具赠予你且专门为你设计的身体。在这个世界上没有一个与你一样的人。我感激你的存在,也希望你感恩自己的存在。

确立当日目标

我要专注于自己的人生道路,不将自己的人生与任何人相比。我要待在自己的路线上,尽己所能,做到最好。我要将双眼从别人身上挪开,带着爱意凝视自己。

4月2日

释放焦虑

"焦虑"（worry）一词来源于古英语中的"wyrgan"，原意是"扼杀"。这是恐惧不安的一种表现。你或许会为金钱、健康、家庭或能否找到真爱而感到焦虑。你或许会担心，如果自己完全不焦虑，那么坏事就会发生——这是在犹太家庭中长大的我小时候抱有的一种迷信。合情合理的担心是自然的，比如因为孩子做手术而担心。但是，过度的焦虑会使担心成为一种煎熬。

挥之不去的焦虑意味着你在企图控制某件超越你控制范围的事情。重复以下口诀，让自己不再受焦虑的困扰：

愿我远离焦虑。
愿我远离压力。
愿我不要将恐惧投射到未来。
愿我安住当下。

> **确立当日目标**
>
> 我要让焦虑的痛苦离我而去，让我头脑清醒、信念坚定地面对逆境。我要尽可能地改善当前的状况，同时请求得到精神上的指引。

4月3日

呼出压力

气元素可以帮助你清除情绪的毒素和其他污染能量的物质，从而帮你消除压力。呼吸、微风和气流不仅仅是分子的随机运动，也是强有力的净化剂。

如果你肩负着世间的压力，或是遇到了一个难对付的人，那就试着借助这个（我经常使用的）观想练习，来释放你可能已经吸入体内的一切消极情绪。在观想的过程中，保持柔缓的呼吸，将压力呼出。

> 我的身体是一扇敞开的窗户。
> 我能感到一股清新而柔缓的风吹过我的每一个细胞。
> 这股清风温柔地缓解了我的压力，
> 给我带来慰藉和疗愈。
> 它清除了所有的阻滞、恐惧以及有毒的情绪。
> 我要深深呼吸。
> 我要让自己得到净化、洗涤，变得焕然一新。

确立当日目标

我要常做这项观想练习，拓宽我生命的广度，让轻柔的气流净化我的能量。我要利用我的呼吸，将压力排出体外。

4月4日

走出舒适圈

敏感的人往往偏好一成不变的生活，一直待在舒适圈里。你精心布置居家环境，让家具、床上用品、声级以及气味都符合你的喜好。你习惯了井井有条的工作、锻炼或家庭生活。这种可预见性，或许能给你带来安全感。

尽管如此，偶尔颠覆常态仍是件好事。我很享受安适，但同时也知道自己的灵魂渴望进化成长。把握这个平衡点，对于所有高敏感人士而言都很重要。问问自己："我怎样才能超越自己的舒适圈而获得成长？"或许这意味着冒着失业一段时间的风险，寻找一份更充实的工作；或是超越恐惧之心，加深与伴侣之间的亲密关系；你甚至可以在大自然中寻求精神指引，从而对某个决策获得清醒的认识。选择一个领域进行探索，用开放的态度接受转型带来的意外收获。

确立当日目标

我要找到一个领域，尝试跳出舒适圈，哪怕在过程中稍有不适，我也甘愿冒此风险。

4月5日

给愤怒设限

当有人把火发到你身上的时候,你可能会感到自己受了奇耻大辱。这是对你个人领土的公然入侵。这些怒气的宣泄往往突如其来,让你来不及自我保护。

制定一套策略来应对他人的暴怒。我会在身边实施一套"严禁大喊大叫"的规矩。我的身体无法接受大喊大叫——嘈杂不但会让我难受,还会点燃我体内被称为"战斗或逃跑反应激素"的肾上腺素,损耗我的精力。如果爱人对我生气,我会提出要求,安排一个双方都同意的时间探讨问题,以防我被突发的怒气搞得措手不及。这有助于保护我敏感的身体。当我做好准备且双方都能以尊重的态度讨论问题时,我便能轻松应对对方的情绪了。

给愤怒设限。如果有人无法照做,那就自行离场或要求对方离开。面对脾气暴躁的老板,这样要求或许有难度。即便如此,你仍然可以尝试尽快优雅地离场,下决心考虑换一份工作。你应当和能够尊重你的人共处。

确立当日目标

我要坚持对脾气暴躁的人设限,以此作为一种自我关怀。我要坚守底线,保护自己。如果某个环境对身心伤害太大,我就要将自己从中抽离。

4月6日

对是非说"不"

生活在是非之中可能会带来过度的刺激,让人身心俱疲。深陷是非之中,或许是因为你习惯关心他人,想要挽救处于困境中的人,但这也会让你落入低迷和身心俱疲的泥沼。

要想对生活中的是非设限,第一步就是辨别制造是非的人,在工作中、家庭中以及发型师或店员这样的熟人中把他们找出来。由于你天性热爱付出,小题大做的搬弄是非之人受你吸引也就成了必然。

要想阻止这种宣泄,就不要询问对方的近况,也不要和他们长久对视,因为这些做法会暗示你对他们感兴趣。然后,用友善而坚定的语气告诉他们:"我很同情你的遭遇。我会为你祈祷的。"这种做法会抑制对方搬弄是非的劲头。当你不再往他们身上倾注注意力时,他们便会转向其他人。

确立当日目标

我要在感情中避免小题大做、搬弄是非。
遇到耗损我能量的矫揉造作之人,我不会鼓励他们的行为或是浪费自己的精力。

4月7日

与内在自我共处

每周至少与内在自我约会一次,从杂事、工作以及你的日常生活中短暂地解脱出来。你可以选择在林中静静冥想,对内在自我说:"我想要感知你。我想要了解你。我要接受你的指引和关爱。"在宁静之中,带着敬畏之心,用心接收内在自我传递给你的爱心与善意。

确立当日目标

我要腾出时间与内在自我共处,感受体内和周围的光明与希望。这种方式能让我重获能量,重归平静。

4月8日

应许之地就在心中

幸福与平和的源泉都在你心中。许多人会从外界寻找消除自己不满情绪的方法，他们在世上争权夺利以寻找价值感，而不是先与内心力量的源泉相连接，殊不知，内心的根基才更稳固。无论多少财富、性爱、权势或是声望，都无法支撑你的幸福感。幸福感是由内而外生发的。正如佛陀所说：外无庇护。应许之地就在我们的心中。这是极好的消息，因为这会激励你去发掘内心世界，从自我疗愈和自我磨炼开始——如此一来，外部的成就便会随之而来。

确立当日目标

我要专注于热爱自己，发掘我与更高能量之间的联系。我要停止依赖任何人、任何地点或任何事情来帮我解决问题。我要首先向内求索答案，然后再向外寻求建议。

4月9日

坚定地应对逆境

当你能够全心全意以爱而非恐惧为基础来生活时,你就奠定了面对逆境的基础。障碍也是生活的一部分,学着优雅从容而非沮丧懊恼地克服逆境,是一种不可或缺的自我关怀技能。

过逾越节和复活节时,思考将自己从感情的奴役和压迫中解放出来的意义。有时候,要想找到自己,必须先迷失自己。为了获得自由,我们都要穿越属于自己的沙漠。你想从什么事中解脱呢?一段有害身心的关系?对自己身体的自卑感?不愿表达自己的需求?孤独?抑郁?焦虑?在扪心自问时,请友善对待自己。要求你的内心将所有基于恐惧的信念打消,将生活中的每一个障碍,都看作成长的精神动力。

充满智慧的古老道家著作《道德经》中说:"常善救物,故无弃物,是谓袭明。"

> **确立当日目标**
>
> 我要坚强起来。我要抱有悲悯之心。我要以耐心和善意应对生活带来的一切。

4月10日

练习荷欧波诺波诺祷文

如果你对某人感到不满,或是对其行为的某一方面有意见,那就运用这段源自夏威夷的宽恕祷文吧。这会让你在自己身上识别出你在别人身上挑出的毛病,并改正它们,这也会反过来让你停止对自己和他人的评判。这段祷文基于谦卑,而非小我。有这样一句箴言:"当你用一根手指指向他人的时候,其他三根就会'深情'地指向自己。"

诵读这段祷文,释放你对他人或自己的不满:

> 对不起。
> 请原谅。
> 谢谢你。
> 我爱你。

运用这段祷文的方法如下。假如你被一个控制欲很强的朋友惹怒,那就问问自己:"我何时也会表现出强烈的控制欲呢?"然后在内心告诉自己:"我为自己掌控他人的企图感到抱歉,请原谅我的这种行为。虽然我有缺点,但我仍然爱我自己。谢谢你给了我一个机会,让我疗愈自己过分掌控他人的倾向。"

荷欧波诺波诺祷文能帮助我们带着善意和谅解接受自己和他人。挑剔别人的缺点会耗损你的精力,你可以用更有创意的方式来引导这些精力。

确立当日目标

我要运用这段祷文,治愈我最看不惯的同时也存在于自身的特质。我要对自己的情绪问题负责。

4月11日

慈悲观想

我尊奉自己心目中的女神。她所代表的慈爱,给予我诸多鼓舞。

同样,你也可以召唤你心目中的女神。无论你将她看作传统的女神还是真实存在的智者,与她沟通都能帮助你感受到慈悲。这不仅能疗愈你的创伤,也能为你敏感的天性提供滋养。

确立当日目标

我要敞开心扉,迎接慈悲之心以各种方式在我的生命中展现。我要以有益身心的方式服务他人。

4月12日

从逆境中崛起

　　复活是自然界中一种重要的力量，春季就是这种力量的典型表现。在这个季节，你可以将你已然忘却或是掩埋起来的宝贵特质重新唤起。有哪些失去的信心是可以重新寻回的呢？对爱的渴望？对乐观与希望的渴望？对成功的渴望？有的时候，创伤或伤害会压制你心灵的渴求。是时候重新唤醒你那沉睡的渴望了。从逆境中站起来，从痛苦中站起来，从对你已经没有助益的陈旧模式中站起来。感受你自己的活力，让你的敏感之心发光。请对自己说："我要成为我自己和他人的灯塔。我不会允许任何东西压榨我的灵魂或让我感到渺小。"

确立当日目标

　　我要成为世界上所有善良与希望的容器。若是我在前进的路上忘记了对自己有重要意义的价值观与梦想，那我就要将它们重新寻回。

4月13日

不当"殉道者"

纵观历史，诸多殉道者都因坚持信仰而惨遭不测。在生活中，你或许也是一名情感上的殉道者。殉道者综合征描述的是那些觉得自己必须为了他人而牺牲身心健康和忍受痛苦折磨的人。那些没有学会保护自己或设置底线的高敏感人士，很容易受这种心态的影响。

殉道者可能会有"我真命苦"的受害者心态，认为整个世界都在跟他们作对。或者，他们不会开口抱怨，只是一味隐忍。如果自己的表现与殉道者不符，他们可能还会心生愧疚。问题在于，他们将为他人承担痛苦看成了自己的责任。他们将给予当作一种自我牺牲和义务，而不是一种乐趣。

如果你也有同感，我希望你能够换一种眼光看待事物。你即使不肩负起他人的重担，也能够成为一个充满爱心和同情心的人。如果你有殉道者倾向，那就问问自己："这种理念是否来自我的家庭？我的宗教信仰？或是来源于我自己？"作为一个高敏感人士，你应当拥有配得上你那敏感之心的长久而幸福的人生。为他人付出和自我关怀，可以同步进行。

> **确立当日目标**
>
> 即使不成为殉道者，我仍然能够抱有同情之心。我可以通过有益身心的方式为他人付出，同时也要保护自己。

4月14日

接受别人原本的样子

接受别人原本的样子,是尊重对方的一种表现。被人指指点点的感觉很糟糕。回想一下:当朋友或爱人对你评头论足时,你有何反应?除非别人向你寻求帮助,否则后退一步或者只给一次建议才是明智的。除非遇到极其严峻的境况,请相信别人有能力用自己的方式来应对。

想象一下,如果你的亲情、友情以支持对方本身的优势为根基,而不是试图改变对方,这些关系将会多么和谐。和许多高敏感人士一样,你或许也觉得,如果不再试图"改善"别人,双方的关系就会破裂,或者对方一定会过不下去。实际情况恰恰相反。以双方的平等交流为基础的关系才能长存。关注对方的优势,尤其是在对方苦苦挣扎之时,给他们一个寻找自己翅膀的机会。

确立当日目标

在人际交往中,我要学着接受,而不是将改善对方当成自己的使命。我要专注于对方的优点,而不是纠结于其缺点。

4月15日

小憩一下

要想拥有健康而高效的生活，秘诀之一就是在一天之中经常通过小憩来补充精力。不要没日没夜地一味向前冲，那肯定会让你筋疲力尽，要留出小块时间来休整。研究你的日程表，看看自己何时可以休息一会儿。如果你能提前安排让自己暂停下来的时间，即使只有几分钟，你也能让潜意识知道，放松的时间已经安排好了。在这些空闲的时段里，出去散散步，呼吸春天的芬芳之气，或是做一些瑜伽拉伸动作来放松自己。规划小憩时间可以减轻你的压力，令你拥有更加轻松的生活。

确立当日目标

我要在一天中规划出小憩的时间。这种方法可以滋养我的敏感之心并补充我的活力。

4月16日

逃离日常

定期从世俗世界和你的日常生活中逃离，远离网络一段时间。找一个除紧急状况之外没有任何人能够联系到你的地方。无论是几小时还是几周，你都可以把这段时间当成高敏感人士的心理保健和精力恢复期。

想象一下你最想去的地方，或者只是在一部电影中暂时逃避，抑或将手机关机几小时。你也可以到有异域风情的地方度个假，或者进行一次背包旅行。无论你做何选择，这段时间都是让你用来反思和回归自我的。你忙碌的大脑或许需要一些时间才能安静下来，但通过在更为静默的状态下慢慢体味生活，你的大脑会因这段小憩而受益，你的身体则会感谢你的照顾。

当远离网络时，你便会进入一个不会轻易被时间流逝所打扰的状态。你会更加沉静，直觉也会打开。无论是在梦境还是清醒状态下，你都可能接收到关于生活各方面的指引。当你回到世俗世界时，便可以将这些信息付诸实践了。

> **确立当日目标**
>
> 我要计划每周至少远离网络一个小时，还要展望如何在更长的时间里实践这个习惯。我不必为了他人而时时待命。

4月17日

规划网络"断食"

在瞬息万变的世界里,太多的东西都唾手可得。网络、语音留言、社交媒体、简讯以及新闻所带来的信息让我们应接不暇。我们努力想要吸收一切,却把自己搞得疲惫不堪。我的许多高敏感患者都会陷入一种被我称为"科技焦虑"的状态。如何诊断自己是否也处于这种状态呢?那就看看在与电子产品接触之后,你是否会出现一定程度的忧郁、焦虑,出现一种行尸走肉般的麻木状态或是感官超载。要想缓解这种状态,就请限制你与电脑和网络世界的接触。科学技术的确能让生活变得更加便捷,但从长远来看,它往往是导致精力衰竭的罪魁祸首,对高敏感人士来说尤其如此。

想让自己安住当下,就要养成经常进行科技"断食"的习惯。试着半小时不看电子邮件,而是用这段时间享受一顿美味的午餐。或是在傍晚早早将电脑等电子设备关掉,这有助于你在更加平和的心境中入眠。

确立当日目标

我要关注自己是否出现了科技焦虑的症状。为了缓解症状,我要经常远离电子产品,摒除杂念,滋养灵魂。

四月　121

4月18日

家，你的避风港

家是个神圣的空间，你的很多时间都要在那里度过。让家成为一处可供栖身的避风港，在忙碌的一天后回到它的怀抱。安静的环境能让你的敏感之心得到抚慰。在粉刷墙壁或做家居装饰时，选择让人镇定或鲜亮活泼的色彩。房间采光要好，要让新鲜空气流通起来。在各个房间里摆放神圣器物，作为检验你灵性的试金石。

家可以是一处静修的场所，而不仅仅是一个让你睡觉的地方。安静的环境最能让你心境平和。然而，如果你居住在一个噪声级别很高的城市里，或是要与家人或室友共享空间，那就试着使用降噪耳机或是白噪声播放器，来屏蔽车流声、谈话声等令人烦躁的声音。另外，你也可以要求别人在看电视或听音乐时戴上耳机。

心所在的地方就是家。当你将爱的觉知注入生活空间的各个角落，排除噪声或其他干扰因素，你便会在家中找到被滋养的感觉。

确立当日目标

我要将家打造成我的避风港。我的家要与我的敏感之心相协调。我想居住在让人心旷神怡的环境中。

4月19日

打造安眠的圣殿

你的卧室必须是一个可供你静养的安静、舒适、安全的地方。高敏感人士热爱他们的床铺。实际上，我的床就是我最喜欢的地方之一。你可以选择高纱支被单，以避免高敏感人士无法容忍的会引起皮肤发痒的质地。将你的床垫看作疗愈的工具——你会在床垫上睡觉，在床垫上做爱，有时也会躲在被子下的床垫上逃避世界。要想拥有一夜好眠，就要选择一款能够给你的脊椎提供支撑的床垫。另外，保持你卧室里的空气流通。食物或香水等白天遗留下来的挥之不去的气味，会让你想起之前的活动或压力，让你运转的大脑停不下来。

让你的睡眠圣殿远离压力。你的床就是一辆驶入梦境的战车，也是为你补充能量的睡眠基地。不要在床上做任何令人不快的事，比如争吵、付账或是看新闻，明确停止在电脑上工作或阅读的时间，因为电脑的蓝光会干扰你的睡眠。用水晶、蜡烛以及神圣的物件装点你的卧室。花朵、香熏以及芳香疗法也能营造宁静的氛围。

确立当日目标

我要把我的床打造成安眠的圣殿，一个能够让我放松自己和恢复精力的神圣之地。
在床上，任何制造压力的活动都应被禁止。

四月

4月20日

净化家里的能量

如果你觉得自己情绪不佳或是无精打采，那么家中的能量或许已经陷入了停滞状态。香熏是一种通过燃烧某些植物来祛除消极气场，净化环境的治疗方式。我们的许多情绪都会在空间中积累，包括紧张、愤怒、焦虑，当然也包括愉悦。高敏感人士能够感受到这些萦绕不去的积极或消极情绪，而普通人则可能毫无察觉。

如果想清除周围空间中对身心健康无益的能量，你可以尝试香熏。看看哪些植物合你的喜好且气味不太浓烈。在做香熏时，你会进入一种冥想状态。拿着点燃的香熏在家里四处走动，让烟气净化房间的各个角落以及中心区域。除了减少空气中的细菌和增加使人镇静的负离子，香熏还能对你的家、办公室以及其他场所的能量起到净化作用。

确立当日目标

我要对我的家进行净化，感受家中的氛围一点点变得轻松、令人神清气爽。我会尝试不同的植物和气味，找出与我的喜好相符的几款。

4月21日

减少刺激

  高敏感人士拥有敏感的神经系统。你或许会对声音、味道、气味和质地有强烈的反应。另外，你的感官也会被色彩、光线以及天气的深浅明暗所调动。要想享受最理想的健康状态，就要对你生活中的刺激源加以调节。过于明亮的光线、嘈杂的声音或拥挤的人群等过度的刺激，可能会让你的感官超载；但是，适当的刺激和美好的事物则会滋养你的灵魂。

  一旦发现焦虑或疲劳等感官超载的迹象，就要降低刺激的程度。我有时会躲进一间漆黑而安静的房间进行冥想，平复自己的心情。你也可以通过读诗或听莫扎特的音乐来平复心情。只需降低刺激，就能让你回到当下。

确立当日目标

当感到过度兴奋时，我会有所察觉。
我要一步步地降低环境中的感官刺激，以便镇定下来，重回宁静。

4月22日

音乐的力量

当你感到感官超载时，合适的音乐能够振奋你的精神。音乐疗法已被用于治疗抑郁、焦虑以及慢性疼痛。神经学家发现，舒缓的音乐能够增加积极情绪并促进多巴胺（大脑的"快乐激素"）的分泌。高度敏感的人对音乐产生的反应，或许与其对共情的感受力类似。

多年来，有些歌或某些音乐家或许帮你挨过了分手、失意以及自我怀疑的时期。有些音乐则可能与快乐的时光有关，比如与爱人的初遇、从大学毕业，或是造访某个异域风情十足的地方。音乐是我们生活中的一个个标记，同时也具有疗愈心灵的作用。

哪些音乐曾经安抚过你呢？我会将西蒙和加芬克尔的《斯卡伯勒集市》（颂歌版本）与我的初恋以及他离我而去的痛苦经历联系在一起。聆听这首歌让我心生伤感，这感觉是如此浓烈、刻骨而真实。感到有压力时，我会从灵修音乐中寻求帮助，比如恩雅、媞娜·玛丽亚、Wah! 乐队或巴赫。音乐如同敏感人士的镇痛软膏。你可以让音乐来洗涤你、滋养你。

确立当日目标

我要聆听使我振奋、给我灵感、予以我慰藉的音乐。我要让音乐的力量疗愈我的身体与灵魂。

4月23日

生活在最佳状态中

所谓最佳状态，就是指万事畅通无阻，不必强迫事情发生的状态。在这种状态下，你会聆听你的直觉，感到与自己、他人和谐相融。你与万物彼此包容，互不干扰，也不会与生活的自然节奏相抗衡。

活在最佳状态之中是你应有的目标。要想达到这个状态，只要问问自己的直觉："今天做什么是对的？我的能量是高是低？今天日程繁忙，我怎么才能照顾好自己呢？"越是以同情心对待自己，你就越能进入最佳状态。

留心所谓的"巧合"，也就是那些各种因素仿佛自行就位的万事顺畅的时刻：你正在想一个老朋友，就碰巧在街上遇到了她；有人无意间提起了一位他尊敬的医生，这位医生正好是你所患疾病的专家。阿尔伯特·爱因斯坦说："巧合是上帝不露面的显灵方式。"当你处于最佳状态时，巧合便无处不在，而你也会感知到直觉生活的韵律。

> **确立当日目标**
>
> 我要在清晨回归直觉，以最佳状态开启新的一天。在一天之中，我要留心巧合等直觉的信号，敞开心扉接收这些信号的意义。

4月24日

避开自恋者

自恋者与高敏感人士之间的吸引力是有害的。有的自恋者迷人、性感、机智而风趣，但与此同时，他们也是以自我为中心的人，如果不按他们的方法做事，他们便会变得冷漠而孤僻。研究表明，典型的自恋者具有"共情能力缺陷障碍"，也就是说，他们无法以我们所知的方式进行共情。他们无法给予你无条件的爱。而许多高敏感人士却意识不到，自恋者是无法通过共情来疗愈的。

生命转瞬即逝。作为自我关怀的一部分，你必须做出一个基本的抉择——选择与什么人共度时光。如果无法避开自恋者——比如你的老板或家人就是自恋者——那么在与他们共处时，你就必须降低预期，为你的心灵设下一道安全网。虽然一些仅有部分自恋特征的人也具备一定的共情能力，但选择与那些懂得如何与人为友、如何回报爱的人建立关系，仍是明智之举。

> **确立当日目标**
>
> 我要找出生活中的自恋者，意识到他们的局限，包括共情能力的严重缺乏或彻底缺失。我知道，我无法改变他们，也无法挽救他们。

关注第一印象

感知到直觉之后，你或许会从各种人、地点以及环境中接收到强烈的第一印象。你可能会产生积极的直觉，也可能接收到危险的信号。

第一印象非常强大。在评价某人的时候，请把你对他的第一印象纳入考虑范围。比如在一次工作面试中，你本应对未来的上司有好感，但你却感到精神不振。如果你的期待和愿望与第一印象有出入，那就多留心，让时间揭露一个人的真面目。

请注意，不要把新认识的人与你认识的某个具有类似特质的人混为一谈。我的意思是，如果你遇到了一个长相或举止与你那爱评头论足的姑妈一样的女士，你或许会错误地认为她也是个挑剔的人。当你隐约觉察到印象有所重叠时，请调整心态重新认识对方，或者在日后加深了解。

我重视第一印象，它们能为我提供重要信息，让我认识到对方释放出的能量。但我也知道，我可以在日后对自己的判断加以调整。因此，除非接收到了强烈的远离信号，或是完全感受不到任何默契，否则我会耐心等待新的信息出现。

确立当日目标

我要关注我的第一印象，允许它们将某段关系或某种境遇的图景补充完整。

4月26日

不要自我质疑

我的许多患者都会因为自我质疑而陷入困境。比如，对于一个有可能成为恋人的对象，他们或许会产生"这个人不适合我"的直觉，但因为朋友们对这个人喜爱有加，他们就会质疑自己的直觉，硬着头皮把这段恋情继续下去。最终，这段感情还是没能修成正果，于是他们便会回到我的办公室说："真希望我当时听从自己的直觉。"这里的教训就是，要相信自己的直觉，或者至少让直觉有一个酝酿发展的机会。

在培养直觉的过程中，我得到的最重大、最惨痛的教训，都是因为忽视了直觉发出的信息。直觉不是民意投票，也不是寻求共识，它只是你内心的声音给你的建议。这个建议或许不是你的小我想听的，也不一定总是好消息。但是，一旦停止对直觉的质疑，你的决策能力和生活都会上一个台阶。

确立当日目标

今天，我要在某个问题上听从自己的直觉，比如工作、健康或恋爱关系。对于收到的信息，我不会质疑。

4月27日

与朋友喝喝茶

你可以花点儿时间外出,和朋友喝点儿茶,哪怕只有一个小时的时间。你们不必聊什么重要的事情。这是一次神圣的停顿,一次小憩,一段与你喜爱的人共度的充满爱意的时光。与对方相对而坐,便是一种共享积极能量的方式,无论你们是在饭店、茶室还是家中。这是一个简单纯粹的瞬间,供你们休憩、沟通、享受美好。偶尔送给自己这样一份礼物吧。这是一种微不足道但切实有效的方法,让你有机会拥抱友谊、爱情,以及生活点滴中蕴含的惊喜。

> **确立当日目标**
>
> 我要与朋友一起喝茶,全心全意地沉浸在快乐之中。我要细细体味这营造亲密和愉悦的简单之举。

四月　131

4月28日

敢于拒绝邀请或取消计划

外向的高敏感人士或许对社交活动喜爱有加,但像我这样的内向高敏感人士却更喜欢安静。我发现,一周一次的社交活动对我来说是最合适的。要想练习自我关怀,你就必须学会拒绝的艺术,秘诀就是带着爱意去表达。"聚会听起来太棒了,"你可以这样说,"真希望我能和你一起去,但我实在是心有余而力不足。"如果你因为害怕伤害他人而一次次地让自己超载,你的能量便会严重受损。不要把拒绝看作一种自私或让你的良心受到谴责的决定,而要让"不,谢谢你"成为你的自我关怀词典中一种频繁出现的表达方式。

有时候,你或许还需要取消已经定好的计划。你想履行承诺,但你也渴望独处的时间,或是实在累得不想出门。虽然你有充分而合理的理由,但还是必须将计划取消。虽然高敏感人士不愿让他人失望,但有时这是必须做的决定。

对某次邀约的重要性进行评估。有的计划可以轻松改期,有的则不行。如果你已经很累了却不得不参加一场重要的活动,比如你姐姐的婚礼,那就请在活动之后好好照顾自己。对于消耗精力的利弊,请时时进行权衡。

确立当日目标

如果遇到疲劳、生病或只是想要一个人待着的情况,我就要得体地拒绝邀约或取消计划。

4月29日

练习极简对话

在塔萨加拉山禅修中心，僧人和居士会在烹饪、打扫或是打理庭院时练习他们所谓的"极简对话"。极简对话的意思是，用尽可能少的词语进行交流，以免打扰在你身边处理自己工作的人。比如，一位厨师可以对厨房的工作人员说"番茄"、"摆桌"或"扔垃圾"，而不深入探讨这些活动的细节。

我之所以喜爱极简对话，是因为作为高敏感人士，我热爱安静。我对冗长的解释或谈话没什么兴趣，而是喜欢安安静静地把注意力放在某个活动上。极简对话的简单纯粹创造了一种开放的空间，让人们可以安住于此，而不必像平常一样非要用话语填补空白。

在家中尝试极简对话，作为练习正念的一种方式。告诉你的伴侣或其他人，你要在一段时间内实践极简对话。他们或许也想参与。减少了一天之中的对话，安住当下也就更加容易了。

确立当日目标

我要练习极简对话，简化我的语言，用更少的词汇表达我的想法和需求。我要留心这种做法会对我的头脑清醒程度和能量层次产生怎样的影响。

4月30日

放慢脚步,细心感受当下

在日常的简单事物中寻找满足和敬畏,比如阳光在水面上的微妙折射,充满活力的风声,友人温馨的拥抱,你的孩子的甜美一笑。最简单的事物中,往往蕴含着巨大的积极能量和光明。寻找日常生活中的闪光之处,可以成为你的人生中一个主要的幸福来源,对我而言便是如此。这种要用正念实践的无声的活动,能够极大地滋养你的审美和灵魂。我们无须到遥远的地方寻找美和光明。时间往往就在我们埋头忙碌时匆匆流逝,我们满脑子都是未来,却损失了享受当下的机会。花些时间去品味那一直存在于你眼前的光芒吧。放慢脚步,细心去看,天堂就在你的眼前。

确立当日目标

今天,我要停下脚步,不再一味上下求索。我要让微小的事物赋予我快乐,细细品味每一次呼吸和每一个鲜活的瞬间。

五月

关怀自我,
保持终身成长

5月1日

终身成长

　　人生是一个不断成长的过程。要想保持活力，就要不断成长和改变。每一小步前进和每次突破性的顿悟，都值得你庆祝。你的灵魂正在呼唤，想要变得越来越广阔和明亮。聆听它的召唤，接受生活中跌宕起伏的冒险。你所做的自我疗愈工作不但重要，而且能滋养灵魂向外拓展的本能。从呱呱坠地到最后离世，你生活中的每一个瞬间都意义重大，每个瞬间都会赠予你一次用心呼吸、敞开心扉、雕琢敏感之心的机会。用纯净的双眼去寻找纯粹的美丽，寻找从整个生命中散发出的跌宕起伏的能量。

确立当日目标

我永远都不会停止成长，永远都不拒绝改变。
我要竭尽全力，致力于情感和灵魂的拓展。

5月2日

每个人都是你的灵魂导师

你遇到的每一个人,都有值得学习之处。积极的人能够教你认识爱、友谊、陪伴以及信任。脾气乖戾的人就不那么好相处了,虽然他们的行为惹人讨厌或令人不悦,却能揭露你的伤痕和负面情绪的触发因素,让你对其加以疗愈。举例来说,当有人对你的选择指指点点时,把这看作一个机会,与这种行为划清界限,检视你自尊心不堪一击的脆弱之处。或者,如果有人总以暧昧的态度对待你,却无法给予你真正的亲密关系,那么,能够说出"我理应得到更好的恋情"这句话,便是力量的象征。

这种接受生活每一次教诲的自我疗愈,需要带着一颗谦卑之心去完成。平心静气地接受的态度能减少痛苦和阻力,让你在学习的过程中畅游。请记住,人生并不是毫无理由地降临在我们身上,而是为了我们的成长而展开。不要企求避开难对付的人,要把他们当作你人生中的老师。

确立当日目标

我要从积极的人身上学习关爱。遇到难对付的人时,我要把他们视为能够为我疗愈情感创伤并让我摆脱羁绊的良师。

5月3日

与一棵树交朋友

　　树木是可以与你相伴的鲜活生命。在我还是个孩子的时候，我有一棵非常喜欢的树，我经常去找它，依偎在它身边。伤心时，我会向它倾诉我的难题；开心时，待在这棵树旁边会让我的心情更加愉悦。

　　树木为我们遮阳，为地球降温，还能吸收二氧化碳，净化我们的大气层。除此之外，树木还会释放氧气。有些树能活很长时间，它们见证了人类数世纪的兴衰。加州因约国家森林公园内的一棵松树已经活了 5000 多年，是地球上最古老的树。

　　你的敏感天赋之一，便是与自然沟通。与树相伴，能够为你带来慰藉。要想靠近树木，就去森林里走一走，也可以留心观察你家附近街道两旁的树木，看看你的直觉会被哪一棵树吸引。感到茫然无措的时候，你可以在树旁冥想，回到当下。只需把手掌放在树上（甚至可以拥抱大树），就可以稳定你的情绪和能量。

确立当日目标

我要把树木看作鲜活的生命。
我要去寻找我的树木伙伴，花时间与它相处，让自己回到当下。

5月4日

感受生命的奇迹

你可以留心生活中的点点滴滴。在创作《积极能量》（*Positive Energy*）一书时，我感到创作受阻，却一味强迫自己写下去，而这只能让情况变得更糟。一天晚上，我清清楚楚地梦到了一个电话号码——整整十位数，一个不少。翌晨，我拨打了这个电话，接电话的是一位女士："这里是加州大学洛杉矶分校医疗中心妇产科。"我会心一笑：那里肯定有不少人在强迫自己使劲儿呢。一股宇宙的力量正在冲我眨着眼说："别再那么用力了。"所以，我听从了，将重负从身上卸下，让我的作品以一种更为顺应自然的方式问世。

让这些"眨眼"时刻启发你，让自己对万事绽放笑颜。

确立当日目标

我要寻找生活中的奇迹，留心身边无处不在的生命的小小幽默。我不能因为太过严肃而让自己与这些奇迹擦肩而过。

5月5日

快乐起来

每位开悟的觉者都会笑逐颜开,他们看到了宇宙的幽默,看到了人类的私心和恐惧的荒谬。高敏感人士习惯太把自己当回事,与其如此,不如去体会生活中的可乐之处。

我有一位90多岁的密友,她对这些年来发生在自己身上的一切都能一笑置之,包括与癌症的一次较量。我曾经问过她:"你为什么能对一切都付之一笑呢?"

她微笑着说:"为什么不呢?"

笑的能力是开悟之人的一个标志。你可以同时体会痛苦与快乐。处境艰难,并不意味着你的心情也要随之变糟。在顺境中要开怀大笑,在逆境中也要会心一笑。无论你的处境如何,都要轻松面对,而不要把它当成沉重的负担。更高能量无时无刻不在你身边,让这个认知帮助你放松下来。

确立当日目标

今天我要寻找事物的光明面,而不是纠结于问题。我要找找有什么能引我发笑。

5月6日

停止过度思虑

高敏感人士容易在做决定时思前想后。虽然逻辑推理在决策制定中发挥着重要作用，但当推理转变为穷思竭虑时，你就会大受煎熬。思考到哪一步才算过度呢？答案是，当你已经考虑了一个问题的方方面面，但仍不知停歇地冥思苦想时。

爱因斯坦说过，一个问题不能总停留在其本身的层面上去解决。因此，想象一下暂时将难题放下，什么也不用做，什么也不用想。

要想停止过度思虑，你可以尝试下面这个观想练习：

> 想象自己高高升起，远离了你的担忧，远离了地球，进入广袤而开阔的宇宙。你自由自在地悬浮着，观察着闪闪恒星、颗颗行星以及向四面八方扩展开去的无垠宇宙。向"太阳哥哥"和"月亮姐姐"问好。将这超越我们理解的美丽与神秘尽收眼底。

这幅图景将会带你进入一个广阔的空间。专注于此，会让你的大脑从对思虑的执着之中解放出来。沉浸于对万事万物的敬畏之中，你便能体验到不过度思虑的愉悦与畅快。

确立当日目标

陷入困境时，我要停下来，深吸一口气，拓展自己的视野。这样一来，我便能带着一个更有创意的思维框架重新审视问题了。

5月7日

别往心里去

这条有助于灵魂成长的简单原则，实践起来却往往不那么容易。当别人发表针对你的粗鲁无礼或麻木不仁的言论时，他们往往就是在给你灌输关于你的不实信息。

为什么不该让这些话往心里去呢？如果有人侮辱了你，那么这个人就是在将其小时候习得的某些做事方式投射到你身上。有句话说得好："受伤的人才会伤害别人。"在当下那个时刻，你就是对方严厉的母亲或冷漠的父亲的化身。但这侮辱的矛头并非指向你，即便对方的表达方式是针对你的。在《四个约定》(The Four Agreements) 一书中，堂·米格尔·路易兹谈到，他人会将自己的毒素带入与你的交流中，但你不必将这毒素吸收到自己体内。

如果有人说你"太情绪化"或"太软弱"，那么你必须从心底里明白，事实并不是那样。只有同意了他们的判断，你才会往心里去，否则你会明白他们的看法有多离谱。你可以对别人的看法不予认同，也可以选择和这些人划清界限，但不管怎样，都不要把这些言论放在心上。带着同理心将这些关于自己的错误看法统统抛弃，你就会成为一个更强大、更自信的高敏感人士。

> **确立当日目标**
>
> 我不会把别人的不实言论放在心上。我明白，他们只是在将自己未解决的问题往我身上投射而已。

5月8日

意见都是主观的

每个人都有代表自己看法的意见，意见不一定是正确的，也不一定能得到对方的接纳。借用小说家乔治·艾略特的说法，知识的最高等级是同理心，因为同理心要求我们放弃自己的小我，去欣赏他人的世界。与此相反，人们不需要对情况有真正的了解，便可以提出意见。

当别人提出关于你的意见时，他的意见可能是真，也可能是假。问题在于，高敏感人士容易把别人的看法当真，或者看得太重。如果一个朋友说"你得多参加些大型聚会，多见些人"，那么这只是她的意见，而这个意见可能并没有考虑到你在一大群人中会感到焦虑，或者你更愿意参加小型聚会。关于什么才适合你，你可以听信朋友不符合实际的评估，也可以回应一句"感谢你的建议"，然后寻找一个可以同与你更合拍的人相处的社交场合。了解你自己，始终遵循你自己的真理。

确立当日目标

我知道意见是主观的。我不会对他人的意见太上心，除非这些意见中包含着我想要为己所用的智慧。

5月9日

花朵之美

你是否注意过,躺在野花丛中或是见证新生命在你的花园中绽放时的感觉有多么神圣?花儿在阳光和雨露中焕发生机,它们从不着急,从不烦恼,悠闲快乐。花儿是美丽的,更重要的是,它们还散发着一种狂喜和对生命的欢庆。正如拉尔夫·沃尔多·爱默生所写:"花儿是大地的笑脸。"

在你的家中或办公室里放置一束可人的鲜花,以此作为对春季百花齐放的赞颂。花些时间好好欣赏这束花,让这些美丽的生命与你分享它们的快乐。花儿预示着新一天的希望,而你的敏感之心也会让你吸收花儿鲜活而积极的能量。我们有理由充满希望,敞开心扉,接受生命中的诸多恩泽。让花儿成为当下的礼物,要想感到满足与平和,花儿便是你需要的一切。

确立当日目标

我要以观察花儿和感受花儿的勃勃生机为乐。花儿可以美化环境,也可以给我带来精神层面的提升。

5月10日

以柔克刚

男性和女性都拥有阴柔的能量,这是指你身上柔软、流动、感性、月亮般的那部分。阴柔的部分与阳刚的部分互补,所谓阳刚,是指我们每个人体内想要推动事情发生、解决问题、昂首阔步征服世界的那部分。平衡你的阴阳两面,能够让你激情焕发,充满活力。

时至母亲节,让我们向所有的母亲表示敬意,感恩母性的力量。感激自己能够为人父母的福分,向你自己的母亲道谢。母亲是人类最伟大的精神导师,她们最清楚如何抚慰和激励我们。让我们利用这些触发因素,获得情感和精神上的成长。

母性是你体内与地球和地球上所有生物相连的部分。这是创造的女神,是生命的赋予者。赞颂母性之美吧,感受它在你体内的温暖与力量。

确立当日目标

今天,我要向我自己和天下所有的母亲致敬,也包括我们的地球母亲。我要让母性的能量将我重新与地球联结在一起。

5月11日

我不是我的母亲

要想真正强大起来，你必须意识到，你和你的母亲是两个不同的人。虽然你或许有着你母亲的某些你欣赏的特质，但不断重复她的负面行为却对你有百害无一利。你们走在各自的灵性之路上。

敏感的孩子天生想要帮助自己的母亲，或许会在无意间把母亲的焦虑或不安吸收到自己身上（这些情绪可能在孩子长大成人后仍挥之不去）。如果你的母亲是个焦虑的人，那么在某次试图缓解她的不安时，你也许会在不经意间沾染她的焦虑或沮丧。这不仅对她无益，对你也会造成负担。

把你与母亲相似的积极品质记下来——或许是幽默，或许是慷慨，或许是机智。另外，也请思考一下你可能沾染了她的哪些有害的情绪或行为，也许你的挑剔、恐惧与她如出一辙。检视一下，哪些品质是你自己的，哪些是来自她的。

要想释放你仍背负着的关于母亲的任何问题，可以重复以下口诀："我不是我的母亲。我正走在属于我自己的独一无二的灵性旅途上。我已做好了释放所有属于她的负面情绪的准备。"

确立当日目标

我没有义务承担母亲的伤痛。我要学习她教会我的每一课，无论是积极的还是困难的。我要为她的旅程送去祝福，同时我也知道，她的人生之路与我的不同。

五月

5月12日

我要创造什么？

重生指的是重新开启你生命中某个困难重重或是停滞不前的领域。重生可能包含许多阶段。问问自己："我要针对哪些具体的领域？灵性？直觉？工作？还是与父母或伴侣的关系？"然后，打造属于你的"创世神话"，确定你可以实现的积极改变。

"创世神话"标志着一个新阶段的开始。思考一下你的创世故事大概是什么样的。一位患者曾经告诉过我："我想开展一项太阳能风车业务，生产清洁能源。"还有一些患者则告诉我："我想给自己更多的独处时间。""我想让自己和母亲的关系更亲密。""我想生个孩子，为人父母。"如果人生中的某些领域停滞不前，你可以通过重生计划，让这些领域快速启动。

> **确立当日目标**
>
> 我要创造我自己的创世神话。我要明确规划"我想创造什么"，并遵从内心真实的声音。

5月13日

练习屏蔽观想

有时，对某些亲戚采取敬而远之的策略，以免受到他们消极情绪的影响，是必要的。许多人意识不到自己的行为或情绪会造成怎样的影响。当父母或兄弟姐妹陷入受害者心态或是习惯性地对你的选择指手画脚时，他们或许并不自知。他们可能不明白，没完没了的争吵会让你身心俱疲。

告诉善于倾听的家庭成员，你是一个敏感的人，具体说明他们可以如何在家庭聚会上给你支持和帮助，比如说话声轻一些，或是安排你和一位好相处的亲戚坐在一起。理想情况下，他们会照顾你的需求。

尽管如此，你可能仍然需要在与他人相处时保护好自己。一位母亲曾经告诉我，"如果屏蔽自己的孩子，我会感到很内疚"，仿佛无条件接受孩子的不良行为是她的天职。不要这样想，要把屏蔽看作围绕你设置的一股积极力量。你可以这样做：

> 在距离你的皮肤大约十几厘米处，想象一面由白光或粉光构成的盾牌，将你的身体完全包围。它能够抵御所有消极情绪和压力，只允许积极情绪进入。在家庭聚会或其他让你产生压力的场合，只要有需要，就让这面盾牌护佑在你周围。

确立当日目标

作为自我关怀的一种形式，我要在与难以相处的亲友共处时练习屏蔽观想。即使屏蔽了他们的消极情绪，我也能够给予自己和他人关爱。

5月14日

一次只关注一个问题

要想让别人理解你的观点，你最好一次只关注一个问题，而不是用一大堆信息让对方应接不暇。

作为一个充满爱心、情感丰富的人，或许会有许多情绪和敏感的需求在你的心中翻涌。你想要表达自己，你希望自己的需求被人聆听。明智的方法是用一种镇定而简单的沟通方式来表达，这样才能达到效果。有时候，你或许很想将困扰你的问题一股脑儿倾吐出来，尤其是在焦虑或不安的时候。在和伴侣的谈话中，你或许会这样表达："我需要更多独处的时间。如果你的父母每周来看我们一次，会把我累坏的。还有，拜托你把电视音量调小，帮我照顾照顾孩子吧。"与其如此，不如从最重要的事项谈起。然后，在接下来的几天或几周里，把其他问题逐个拿出来讨论。这种沟通方式既彼此尊重，也颇有成效。

确立当日目标

我要找出想与伴侣、朋友或是其他人讨论的最重要的五个问题。我每次只会谈论一个话题，而不是一次给出太多信息，导致对方无力招架。

巧妙地闲聊

我不喜欢闲聊。作为内向高敏感人士，我不但不善闲聊，还会因闲聊而心力交瘁。闲聊让我感到非常刻意，仿佛这只是为避免难堪的沉默而填补空白的伎俩。你或许也这样认为，但仍不允许自己避免闲聊。你可能觉得不参与闲聊是不礼貌的，或者因为自己缺乏闲聊的技巧而自卑，因此对社交活动敬而远之。

如实地审视你对闲聊的看法。闲聊会让你感到不自在吗？你是否害怕闲聊？或者，如果你是一名外向高敏感人士，你是否觉得闲聊是一种了解他人的友好方式？这个问题的答案没有对错之分。

你该如何以"禅意十足"的方式轻松避免闲聊呢？在参加一场派对时，我会让我的伴侣或一位外向的朋友跟大家闲聊几句，因为他们喜爱社交。这样一来，我的压力就减轻了。接下来，我便在一旁倾听，如果谈话更加深入，我便会加入。我也可能找一个更容易有共同话题的人交谈。你可以考虑尝试更容易实践的方式，以此避免闲聊。

> **确立当日目标**
>
> 我要找出自己对闲聊的偏好，并确定适合我的应对方式。在社交场合，我要请朋友帮助我应付闲聊。

5月16日

疗愈能量凝滞

一场谈话结束后，你或许仍然背负着谈话时的能量。你是否曾与友人度过了一个愉快的下午，在接下来的几个小时里还一直感到愉快？或者相反，你是否曾与一个焦虑的人交流，直到第二天都还背负着对方的焦虑？

在一次交流结束后仍在你体内挥之不去的负面影响，就是所谓的能量凝滞。即便你已经与某人划清了界限，但在交流之后，你或许仍会出现胃痛，或是感受到从他们那里吸收来的疲劳感。这种时候，要跳进浴缸或走进淋浴间，让水流冲走挥之不去的能量。你也可以对房间进行香熏，清除负面或凝滞的感觉（详见4月20日文章）。此外，深呼吸练习也能驱散不快的感觉。对身体系统和物理空间进行净化时，能量的凝滞就会随之消散。

确立当日目标

出现能量凝滞的状况时，我要承认这种感觉是真实存在的，并采取相应措施来净化挥之不去的情绪或压力。

获得安全感

学会用有益身心且尊重你的敏感之心的方式与他人交流互动。情感上的安全感,源于内心深处的安适。确信自己不会受到伤害、指责或攻击,你便可以将身心放松下来。

安全感源于你的内心。这意味着要认清自己的情绪,而不是选择压抑。作为一个敏感的人,你的情绪或许会变得紧张而难以控制。在这种时候,请用温柔和同情之心对待自己。

在亲密关系中,安全感意味着你要信任另一方,向对方展示你脆弱的一面。遇到冲突时,不要贸然下结论。爱、接受、尊重以及被他人渴望的感觉,都能让你在情感上获得安全感。

要想将你的需求表达清楚,那就思考一下安全感对你而言意味着什么。我们每个人各不相同,问问自己:"什么能让我获得情感上的安全感?我和谁在一起时感到安全,和谁在一起时感到不安?"把重点放在你的朋友、伴侣及家人身上,把在这些关系中获得更多安全感所需的改变记录下来。以这种方式照顾自己,能让你在信任的人面前敞开心扉,展示脆弱的一面。

> **确立当日目标**
>
> 我要选择让我感到被尊重而不是被指责的关系。另外,我也要为他人打造一个充满安全感的圈子。

5月18日

不为别人的问题劳神

有这样一个笑话：当一个依赖助成者死去时，他眼前掠过的，竟是依赖他的人的一生。依赖助成者过于在意对方的感受，会在恋爱和工作中帮对方处理所有的事。如果你就是这样一个人，那么你就很难后退一步，给对方留出走自己的路的空间。你或许会觉得，如果不插手，糟糕的事情就会发生，因此你过于热心，总想帮助或改变他人。这个习惯，或许是你在与酗酒或焦虑的父母一起生活的时候学到的。

高敏感人士有成为依赖助成者的倾向，但并非所有的依赖助成者都是高敏感人士。不同之处在于，高敏感人士会从他人身上吸收压力、情绪和身体的各种症状，但并非所有依赖助成者都会这样做。

高度敏感的你，可以练习屏蔽观想和冥想等自我保护的技能（详见5月13日文章），以此来解决吸收他人能量的问题。对于纯粹的依赖助成者来说，这些做法的效果并不那么显著。尽管如此，无论是对高敏感人士还是依赖助成者来说，划清界限，将别人看成独立的个体而非你自己的延伸，都是疗愈的一部分。虽然你能全身心地给予对方陪伴，但你只能做一位耐心的聆听者和忠实的朋友，而不能将对方的问题担在自己身上。

确立当日目标

我要停止为别人的问题劳神，转而专注于自我关怀。我可以在维持合理界限的同时，仍然做一个无私给予的人。

眼神交流的力量

我们的双眼传递着强大的力量。与大脑能够释放出超越身体范围的电磁信号一样，研究表明，你的双眼也能够释放出这样的能量。观察一下人们的双眼。他们的眼睛是充满关爱，还是充满欲望、平静、刻薄、愤怒、冷漠？另外，你也可以从对方的眼中看出他们的心门是否敞开，是投射出一种能够亲切待人的能力，还是充满戒备、拒人千里或遮遮掩掩。

作为一个有爱心的人，你希望了解他人，以同理心对待他人。因此，你可能会本能地深深凝视一个人的双眼，尝试与他的内心沟通。其实，"双眼凝视"（长时间含情脉脉地对视）有助于拉近两人的关系。但是在日常生活中，你要多留心自己的目光，请考虑好是否要与某人产生眼神交流。

眼睛是通往心灵的窗户，但并非每个人都想要自己的心灵被人读懂。注意不要投射出带有侵略性的眼神。如果有人用眼神入侵你的空间，那就回避对方的目光。高敏感人士无时无刻不在进行能量的交流，但关于哪些能量对你的身心有益，你必须为自己把好关。

确立当日目标

我要谨慎选择通过眼神交换能量的对象。如果感觉不舒服，我就不会与对方对视。在这种情况下，避开视线才是上策。

5月20日

原路返还

每当你沾染上不属于你的情绪、压力或感觉时，就尽快将它们从你的体内驱逐出去。我自己会使用一句口诀，也在这里推荐给大家，那就是"原路返还"。

意识到你从别人那里吸收了负面情绪时，不要慌张，你只需觉察到，然后深吸一口气，在内心坚定地重复三次："原路返还。原路返还。原路返还。"暂停几秒钟，深呼吸。接下来，感受这股不适感从你的身体中抽离，甚至完全消散。现在的你，健康安好。

确立当日目标

我要利用"原路返还"这句口诀，将负面能量从体内快速清除出去。

5月21日

保护好自己的精力

你的大脑中有一群叫作镜像神经元的特殊细胞，负责管理共情能力和同理心。研究表明，高敏感人士的镜像神经元系统非常活跃，这导致他们的敏感度居高不下。当你爱的人感伤时，你或许会感到这伤痛仿佛就发生在自己身上。有时，你甚至会感受到陌生人和整个世界的伤痛。同样，如果对方富有同情心，那么你也会将这强烈的同情心吸收到自己身上。

了解自己镜像神经元系统的灵敏度能够提醒你，保护自己不受他人不适情绪的影响有多重要。体恤他人是一种天赋，但设定合理的界限也是必要的。要想保护好你的精力，就要让你的敏感之心量入为出，知道何时该回归内心，补充精力。

确立当日目标

我有一个精密的镜像神经元系统，我的共情能力和同理心都很强大。我要不断在健康合理地给予和自我关怀之间寻找平衡点。

五月 157

5月22日

保持谦逊，关怀自我

体验直觉、敏感之心以及与更高能量的连接所带来的恩泽，这些都能赋予你能量。随着这些体验的成熟，你会感到更加镇定、自信，也更能读懂别人。这会让你对人与世界抱有更加丰富的同情之心。善待他人的能力，是一种值得尊敬的美好力量。

在自己和他人身上，都请谨慎使用这种力量。伴随力量的是责任，承担责任意味着什么？首先，它意味着对你的敏感之心和灵敏的直觉保持谦虚的态度。永远不要利用这些特质来助长自己的自负、控制别人或自以为是地主动给他人提建议。其次，在倾听他人的同时，你也要维护自己的身心健康，关爱他人和安住当下是可以并行的。最后，你要致力于你的自我关怀，也要致力于储备自己的能量。责任心与自我关怀的结合，能够产生巨大的威力。

确立当日目标

我要拥抱敏感之心的力量，也要接受随之而来的责任。我要将我的能力发挥得淋漓尽致。

5月23日

掌控自己的人生

春天是毕业的季节,是为教育的某个阶段画上句号的时节,无论你是从大学毕业,还是在人生的另一个领域达到精通。毕业也意味着,你要认识到自己掌握的智慧的广度,包括作为高敏感人士你所学到的自我关怀技能。春天标志着你已经完成了一个成长阶段,新的成长阶段即将开启。

人生是我们在地球上的学校。关于敏感和同情之心,我们有太多东西需要学习。做一位忠实的父母或伴侣,追求一份事业,或是开发你的情商和敏感之心,都可以算作你的成就。人生中有各种各样的"毕业"。今天,请认清你自己的成就。你从人生的哪个阶段毕业了?克服了哪些逆境?面前有着怎样崭新的道路?为你取得的一切成就心存喜悦吧。

确立当日目标

进入人生的崭新阶段,我要做自己命运的主人。我要为敏感之心的成熟而骄傲,也要为我获得的所有成就和每一次"毕业"而自豪。

5月24日

缓解高度警惕

为了保护自己不被别人的压力压垮，你或许会变得过于警惕。你会不停地检视自己所处的环境，确保自己的精力不被耗损殆尽，或者防止自己进入一种高度兴奋的状态。高敏感人士往往会给人造成冷漠或自负的错觉，但人们意识不到，你在表面上保持的距离，实际上是为了自我保护而设下的。

如果敏感的你在孩童时期曾遭受过创伤或虐待，包括感到不被父母重视，你就可能对环境高度敏感，以抵御种种威胁。如果你那幼小的神经系统在未被疗愈的情况下继续成长，你就有可能成为一个高度警惕的人。然而，一旦习惯了自己的敏感之心并学会设置明确的界限，包括懂得如何屏蔽外界干扰，你的高度警惕便会有所缓解。这样一来，你就能更加放松，也会越发感到这个世界是一个安全的栖身之地。

确立当日目标

我要关注自己会花多少时间检视环境，以便自我保护，我要利用自我保护的技巧来获取更多安全感。

计划短时间的高强度锻炼

每当你吸收了他人身上的压力，就安排一次锻炼。除了日常作息计划，短时间（1~5 分钟）的高强度锻炼可以快速净化你的身体。这样的锻炼可以让你的身体系统释放内啡肽，抑制痛感，降低食欲，产生平静感甚至欣快感。

找一种适合自己的剧烈运动。尝试短时间的健走或短跑，也可以尝试更有难度的瑜伽体式、跳舞、弹跳、跑步、深蹲或是跳绳。这些运动都可以在短时间的爆发中将焦虑、愤怒或其他让人不适的情绪燃尽。选择一种既安全又有挑战性，同时也能让你的肌肉"燃烧起来"的运动。

确立当日目标

我要探索哪种短时间的高强度运动适合迅速缓解压力。这能帮助我排解从别人身上吸收到的多余情绪。

5月26日

能量治疗

高敏感人士用能量进行对话，对于能量医学的疗效也较为敏感。每当出现感官超负荷或不适感时，你都可以在相关领域找一位能量疗愈师。他们可以通过双手向患者传输用于治疗的能量，这种精妙的技术已被证实能够消除阻滞，让你重新找回平衡，你自己的疗愈系统也会随之起效，对你的身心健康起到改善作用。

你的身体是一台精密的仪器。你或许容易出现不知源头的症状，其中一些是从别人身上吸收到的。这些病症会从身体的一个部位转移到另一个部位。但是，传统的医生或许会将你误诊为疑病症患者。能量治疗会轻柔地帮助你的身体系统稳定下来，让你摆脱疼痛、抑郁以及焦虑。

如果你的能量水平较低，或者存在身体或感情上的慢性症状，那么我推荐你接受能量治疗。这是一种柔和的治疗方式，能够让敏感的人感到更加镇定，更有活力。接受能量治疗，是我的自我关怀中一个不可或缺的部分。

确立当日目标

我要寻找一位能量治疗师。为了达到最佳身心状态，我要敞开心扉，平衡身体的微妙能量。

释放恐惧

你要致力于度过以爱而非恐惧为基础的人生，做好准备去迎接各种形式的恐惧，包括遇到困难时想象最坏的结果。恐惧是一种很复杂的情绪，因为一些恐惧其实是有助于我们生存下去的。但是，你也可能吸收别人的恐惧进而加剧自己的恐惧，这只会把你的精力燃烧殆尽。

俗话说："恐惧就是把虚假证据当真。"[①] 好好思考一下这句话有多在理。如果给恐惧添油加醋，恐惧就会愈演愈烈。要想在感情上变得坚强，就要释放恐惧，鼓起勇气。

在你的笔记本里写下你最害怕的五件事，比如经济拮据或是孤独寂寞。然后，选择其中一种恐惧释放出去，用一句积极的口诀来扭转这种恐惧，比如"我要找到合适的工作以确保财务安全"或"我要更加频繁地联系朋友，以免感到被孤立和孤独"。即便你只是做做样子（这也是一个很好的开始），这种思维的转变也能够使恐惧逐渐减弱并最终消失。

---

① 这句话的原文是"Fear is false evidence appearing real."，而"fear"（恐惧）一词，正好是由 false、evidence、appearing、real 四个词的首字母拼成的。——译者注

> **确立当日目标**
>
> 我要用积极的结果来取代以恐惧为出发点的思想。我要与更高能量连接，在实现目标时感受它的支持。

5月28日

享受娱乐

随着日光渐长,温度渐升,放开羁绊,享受欢乐,试着将忧虑释放出去,心无杂念地去玩吧。这并不意味着要去拥挤的海滩或派对,因为这些对高敏感人士而言不一定是寻找乐趣的最佳途径。无论你在何处,都请在你所处的环境中寻找自己的乐趣。无忧无虑地过个周末,尝试一些你在工作时一直想做却没有时间做的事情,比如徒步旅行、玩飞盘、打乒乓球或者创作一件艺术作品。安排几天时间,遵循灵魂的渴望去探索,这不仅有益身心健康,还能激发你的灵感。将你的职责和义务暂放一边,关掉电脑,不看新闻,探索周围无处不在的精彩吧。

确立当日目标

我要感受灵魂的自由。我要在欢愉中敞开胸怀,而不是在恐惧中畏缩。我要摆脱羁绊,安享当下。

5月29日

领会万物法则

生命自有其周期，四季有往来更迭，你在成长的不同阶段也会感受到不同的变化，没有什么是静止不动的，也没有什么是恒常不变的。但在这种无常之下，有一片"无境之境"，涌动着爱与不断进化的、宏大的宇宙之力。

万物的法则是一个巨大的谜题，但你可以凭借感情和环境的起伏波动来判断。当你接受了万物循环的神圣，当你将畏缩或恐惧的习惯抛诸脑后，你就会意识到，一切安好。

万物的法则就是：让大自然的威严驾驭一切。爱无所不知，它会点亮一切。要相信爱的力量会护佑你，引导你通往至善，无论是在当下，还是在超越脚下这片土地的前路之上。

确立当日目标

我要意识到支撑着我的无境之境。即使在我感到恐惧时，无境之境也在那里，永远都在。我要笃信人生之路的智慧。

5月30日

保持悲悯

我们每个人的心中都住着一位勇士，也就是你为了笃信正确的事而斗争、保护你免受不公对待的那部分。高敏感人士是爱的勇士，一旦将力量寻回，我们便不再逆来顺受，也不会不堪一击。我们最强大的力量，就是我们的敏感之心以及将我们的领悟带给世界的愿望。

作为一位高敏感勇士，请滋养你的宁静之心，疗愈你仍在激烈斗争中的那部分，这能在地球上创造出更多和平。作为高敏感人士，让我们为战争不再爆发而祈祷。愿同在一个地球上的我们能够团结，让世界成为一个彼此相连的大家庭。愿我们在每个人身上都看到人性的光辉，彼此宽容以待，对万众抱有悲悯之心。

确立当日目标

我是一名敏感且坚强的勇士。我要向体内的高敏感勇士致敬，也向所有为至善之力而战的爱的勇士致敬。

5月31日

超越痛苦

你的"小我"就是让你陷入恐惧和不安的那部分自我。你的"大我"明白,你远比小我更加广博,你的大我与你的直觉和更高能量紧密相连。

每天都要努力超越你内心渺小的那部分。冥想的时候,与你体内和身边的巨大能量和光明连接。如果有负面想法侵入,就任由这些想法像云朵一样飘在天空。专注于那些积极的想法,让它们帮助你超越心中渺小的部分。

意识到你的体内既有痛苦,也有无限的光明。如果你能有意识地说"我能超越我的痛苦,我能在心中找到平静",那么你就能够超越任何想要让你深陷渺小泥潭的人或情绪。

确立当日目标

我要致力于超越内在的恐惧和小我。我要与广博的内在世界相连,从中寻找自己的力量。

六月

去除我执,
安住于当下

6月1日

去除我执

在适当的时候放手，是成功的一大秘诀。你或许认为放手是有违直觉的，但实际上，放手有益于为实现目标扫清道路。当你学会放手时，会有一种神奇而美妙的喜悦感充满全身。这并不意味着放下顾忌，对一切说"是"，而是让你对做出的选择全力以赴，不要一再质疑自己。

思考一下你在生活中努力推动却仍然没有进展的问题，比如，某个项目停滞不前，想让儿子上大学，他却不愿意，你的伤病恢复得比想象中慢。选择一个让你感到受挫的问题，告诉自己："我要将这件事交给命运。暂缓一下，我要深深地呼吸，学会放手。"然后，将注意力转移到生活的其他方面，果断将你对结果的执念释放出去。只需敞开心扉等候，看看会发生什么。

确立当日目标

我要在生活中随心畅游，而不是紧攥不放。我将不再强迫事情发生，而是学会放手。我要努力避免与洪流抗衡。

6月2日

艺术的力量

世界各地的神圣艺术品可以给你带来激励和提升。这些艺术品的意义,要比我们从表面看到的更为深远。从古老的洞穴绘画开始,人类就通过各种创作行为表达对天地的崇敬。无论是造访马丘比丘这样的圣地,还是参观博物馆展览,或者欣赏一本美轮美奂的摄影图册,艺术都能让你感到一种崇高的神圣感。

最近一次演讲之前,在密苏里州堪萨斯城的纳尔逊艺术博物馆里,我有幸见到了一座千年观音像。这座菩萨像有3米多高,用一棵大树的树干雕成。我的朋友和我一起在观音脚下冥想,都感受到了她的慈悲之心。

一位博物馆的导游说,人们来此参拜,是为了感受观音的疗愈气场。这尊雕像体现出神圣艺术对精神提升的催化作用。你对哪些种类的艺术有积极的反应?古朴华美的手稿、古老的神圣文本,还是关于自然的摄影作品?抑或是莫奈、梵高、米开朗基罗、达·芬奇等巨匠的作品?从这些伟大的创作中获取慰藉与灵感吧。

确立当日目标

我要寻找能够打动和激励我的艺术形式。我要让自己经常汲取创造力所散发的积极能量。

击鼓解压

鼓声是一种原始之声，它能召唤你回归自己的身体。在母亲子宫里听到的心跳声，就是我们与声音最初的联系。当思虑过度或压力过大时，你便容易将注意力转移到头脑之中，这样一来，你会更容易沉溺于充满恐惧的思想，从而错失身体发出的直观信号。与大家围成圆圈一起击鼓，或是聆听鼓点，都能让你从思虑中解脱出来，回到当下。

把鼓点带入生活，不仅乐趣无穷，而且轻而易举。你可以买一只小鼓放在家里，在想要镇静下来的时候，就用类似心跳的平稳节奏击鼓。这种节奏的意思是："没有什么可怕的。我就是你心中平缓而真实的节奏。"你的细胞能够识别出这种整齐而有规律的鼓点。在一整天的工作之后，用这种恰到好处的方式帮你找回身心平衡，单纯享受击鼓之乐，也未尝不可。

确立当日目标

我要尝试通过击鼓来回到当下。我要找到与身体的自然节奏同步的鼓点。

6月4日

豹式冥想

当你需要疗愈和保护时，动物是可以给予你帮助的强大伙伴。例如，在美国的原住民文化中，就能通过将人的精神与狮子或蛇的精神相联系而产生疗愈和保护的效果。每一种动物都拥有你可以利用的特殊力量。

在面对耗损精力的人或带给你压力的事时，如果你需要庇护，美洲豹就是值得信赖的盟友。在这种情况下，你可以尝试一下豹式冥想：

找一个安静的地方，深呼吸几次，选择一个放松的体位，闭上你的双眼。随着每一次呼吸，将一天中的思虑和压力释放出去。感到安稳平静之后，召唤美洲豹来帮助你。在内心默念："勇敢而高贵的美洲豹，我需要你的帮助。"然后，想象美洲豹进入你的房间。在内心勾画出这只拥有闪亮双眼和优雅身姿的华美动人的动物，想象它在你的私人空间里巡游。只要你需要，它便会一直保护着你。感受自己得到的护佑，感受美洲豹是一位多么忠诚的盟友。结束冥想时，感恩这只灵兽对你的帮助。

确立当日目标

在需要得到保护或渴望四周有能量护佑的时候，我会练习豹式冥想，召唤动物盟友来帮助我。

6月5日

探寻未来的愿景

在原住民文化中，探寻愿景是一种成人仪式。青春期的男性走进荒野，探寻一个将引导他们进入成年阶段的愿景或梦境。他们的目的是，借助断食或祈祷，取得与更高能量的沟通。这是一场孤独的仪式，也是一场需要凝神静思的仪式。

在生活中感到走投无路的时候，踏上一段探寻愿景之旅能够让你重建与更高能量之间的联系。这或许需要你在山间、林中或是沙漠里花上一天或更长的时间。你可以参加有人引导的探寻愿景之旅，也可以独自进行探索。

在仪式期间，完全安住于当下的体验之中。只随身携带几件衣物和必需品，抛开物质上的顾虑。你也可以进行一次严格的断食或果汁断食，以便清理你的身体系统。

请带着认真和崇敬之心开始这段神圣的旅程。你的愿景或许会在你清醒时浮现，也可能出现在梦中，揭露你内心深处的真相。无论是梦是醒，都请将愿景写下来，记在心中，在回归俗世时将这种智慧利用起来。

确立当日目标

在需要对某个决策有清晰的认识，或者想要在生活的任何领域得到指引时，我都会考虑踏上探寻愿景之旅，从伟大的神秘之域寻找答案。

9月6日

积极评价自己的外貌

你的自尊心是高是低，你是否觉得自己有吸引力，都与你的身体意象息息相关。家庭信仰、媒体宣传以及文化传统中的理想形象塑造了你的身体意象。避免自己遭受任何形式的洗脑，欣赏自己的体形，是非常重要的。要想对自己感觉更好，就必须改变自己的外貌——这是一种错误的认知。许多想法都是由你的自我感知决定的。我治疗过认为自己体态臃肿但其实身形纤瘦的患者，也治疗过对自己的体重不以为意，甚至觉得自己性感妖娆的"大码"患者。

如何感知你的身体，取决于你自己。我坚信，喜欢自己原本的模样是非常重要的。要想巩固对自己身体的积极认知，就要远离媒体塑造的负面形象，比如代表着遥不可及的完美体形的骨瘦如柴的模特或者浑身肌肉的运动员。此外，不要再与人比较，要建立起积极的自我对话。想吃健康食物和减肥当然没错，但要记住，在这个过程中，请对自己抱有同情心。

确立当日目标

我要对我的身体进行积极的评价，因为我知道它能听见。我要专注于自身，不将自己与他人做比较。

6月7日

治愈痛苦之身

你的身体承载着你经历过的所有痛苦。《当下的力量》作者、灵性导师埃克哈特·托利所称的"痛苦之身",便是你的能量场中积累着这些体感和情绪的那部分。

疗愈痛苦之身的第一步,便是意识到它的存在。出现痛苦的想法或者因为无足轻重的小事而产生巨大的反应,都是一种迹象,说明你的痛苦之身已经被激活了。意识到这一点非常重要。所有的痛苦都是相互关联的。例如,你扭伤了脚踝,心中升起的却是在敏感的童年不受人重视的愤怒。某个痛苦事件,可能会在潜意识层面激发你体内一连串未曾疗愈的痛苦。

因此,出现疼痛时,请用心自我观察。埃克哈特·托利说:"如果你安住当下,痛苦之身便不会再以你的思绪或他人的反应为食。你只需单纯地观察……然后,它的能量便会渐渐减弱。"

> **确立当日目标**
>
> 感受到痛苦时,我要用心感知并以同情之心作为回应,因为我同时也在努力疗愈这痛苦的根源。我要练习把痛苦呼出身体,将它释放出去。

6月8日

自我慰藉

有的婴儿生来敏感。他们的敏感和灵敏的直觉是与生俱来的，这一点，在他们离开子宫时就能看出——他们对光线、气味、触感、运动以及噪声表现出强烈的反应。这些婴儿仿佛从人生一开始就具有了高敏感人士的特征。

如果你并非生来如此，包括早期创伤在内的其他因素也可能会促使你成为一个高敏感人士。这包括在感情或身体上遭人忽视或虐待，或者被自恋或药物成瘾的父母抚养成人。这样的成长环境可能会削弱孩子的免疫系统，让他们感到在这个世界上孤立无援，易受攻击。

对所有敏感的人而言，疗愈都是可以实现的。虽然正面的养育能够帮助你发展天赋，但并不是每个人都成长于这样的环境。因此，你必须学会理解和同情自己，学会设定界限，学会利用我在这本书中提到的自我慰藉技巧。除此之外，你也可以考虑寻找"代理"父母，也就是那些有着强烈母性或父性本能的体贴慷慨的人，或者那些愿意把你置于其羽翼之下的人。

> **确立当日目标**
>
> 我要成为我的内在小孩的慈父慈母，也要选择与那些让我感到安全、被接受的人和给予我支持的人相处。

6月9日

降低外部刺激

当你感到不堪重负时，减少外部刺激是必要的。根据你的日程安排，你可以抽出 10 分钟，也可以腾出整个周末。把门关上，把灯关掉，爬进被子里"冬眠"吧。你也可以用整个下午的时间看电影，或是和你的动物朋友一起玩耍。不要说话，别看新闻，将交流互动降至最低，甚至完全剔除。这时，你没有压力，也没有过多信息的侵入，只需安享独处的宁静。

这段将刺激降至最低的时间，会帮助你重置生理系统。静养能够降低你的心率，调整你的新陈代谢，关闭你的"战斗或逃跑"应激反应。取而代之的是，你的身体会开始分泌内啡肽，也就是你的天然止痛药，它也是让你心情愉悦的神经化学物质。通过减少刺激，你的身体能够进行自我调节。开阔的空间，空闲的时间，没有人在场，也没有谁有求于你，这剂良方会让你重振精神。

确立当日目标

当接受了过多外部刺激时，我要意识到这一点，提醒自己暂停一下。我要尽快降低刺激程度，或只允许自己接触我选择的外部信息。

六月　179

6月10日

不做微观管理者

如果你觉得某件事只要不是你亲自出手就一定做不好，那么你或许是一个微观管理者。微观管理者有什么特征呢？你不愿把工作委派给他人；你紧盯细节，不看大局，且不相信别人能把工作做好。这让你劳神费心。在办公室或团队中，你的这种行为会削弱士气，让别人有挫败感。如果你试图将微观管理施加在你的伴侣或家人身上，他们便会产生厌烦或恼怒的情绪。如果你把一项任务交给你爱的人，但到头来仍然自己去做，那么对方就会心存芥蒂。

微观管理是一种对人或事的过度控制。想要营造更好的关系，请思考以下问题：我进行微观管理的原因是什么？也许是因为你来自一个失控而混乱的家庭，而你的责任就是重建和平与秩序，也许是因为你曾被没有履行承诺的人伤害。

诚然，雇用训练有素的员工有助于企业的蓬勃发展。但与此同时，你也应该控制自己对工作或家庭的期望值，对员工或家庭成员明确传达你想实现的目标。表达你对他们的信任，将注意力放在他们最优秀的品质而不是你的不满上，这样的做法，会激励他们大放异彩。

> **确立当日目标**
>
> 我要留心自己微观管理的倾向。我要向他人表达我对他们的信心，减少事无巨细的控制。

保持正念

所谓正念，就是将你的注意力集中在当下这一刻。你要意识到身体里的情绪、想法以及感觉，但不要试图改变它们。接受生活本来的样子，不与之抗争，不试图控制，不怨天尤人，这就是正念的本质所在。在这种状态中，你能够带着善意看待自己，而不是责备自己或是苛刻地将自己与他人相比。

从正念的角度来看，了解和接受自己当下的样子是非常有益的。你的注意力不应放在未来或过去。研究表明，练习正念冥想与心理健康之间存在相关性。正念冥想能够让你在混乱或逆境中找到观者状态和平稳的心境。在正念状态下，你能从同情、悲悯的视角看见一切——也包括你自己。

> **确立当日目标**
>
> 今天，我要练习正念。无论发生什么事，我都要专注于当下这一刻，温柔地对待自己。

6月12日

仁爱之心

将仁爱之心用在每一天和每一次的交流互动中，在自己的生命中创造出一片仁爱之地。是的，你也会陷入焦虑、恐惧、不安之中。但是，请不断提醒自己回忆起仁爱带来的喜悦，想一想仁爱如何帮助你缓解愤怒、恐惧以及最糟糕的境遇。仁爱是我最欣赏的特质，也是我在与我关系亲近的人身上寻找的特质。

通过以下冥想练习将仁爱引向自己。（如果你想把仁爱传达给他人，就把"我"换成"你"。）

愿我快乐。
愿我健康。
愿我平安。
愿我心境平和，安适自由。

无论你遭遇过什么样的考验，无论你经历过什么样的过去，仁爱之心都能让你从痛苦之中解脱出来。

确立当日目标

今天，我要充分体验仁爱的温暖，沐浴在充满仁爱的疗愈之光中。

电影的力量

我喜欢在午后看电影，从尘世中逃离出来。在电影院里，我沉浸于影片的丰满情节和它表现的复杂人性中，也随之产生一种安心和远离一切的感觉。我能够感受到影片中物品的质地，嗅到各种场景中的气味，与片中人物面对的情感考验和重大突破产生共鸣。

在感到精神超负荷或只是想从日常琐事中暂时解脱的时候，你可以尝试观看一部感人的影片。选一部合适的影片，让它温暖你的心灵，重振你的精神。无论是去电影院还是在线观看，你都可以利用这段时间获取灵感。《柏林苍穹下》是我最喜欢的一部影片，讲述了一位天使为了与深爱的马戏团演员结为连理而化作凡人（因此放弃了他的超能力）的故事。其他我喜爱的电影还包括《人鬼情未了》、《与狼共舞》、《与我为邻》、《指环王》三部曲，以及《天涯海角》。和我一样，你也可以将观看电影作为一种充满乐趣和创意的自我关怀。

确立当日目标

我要选择一部感人的电影，暂时将其他的一切忘却。我要沉浸于故事发展、戏剧冲突以及戏剧场景的乐趣之中。

6月14日

精油疗愈

敏感的人往往拥有敏锐的嗅觉。淡淡的气味或许能给我们带来一种神圣的体验，但扑鼻而来的香水味却有可能让我们喘不过气来。对气味的爱好是非常主观的，探索一下哪些香气能够给你带来抚慰吧。

芳香疗法是利用叫作精油的植物提取物进行的一种治疗方法，可以让你放松精神，减少焦虑，加深睡眠以及舒缓身体。你可以闻精油的芳香，把精油涂抹在皮肤上，或是在洗澡水中滴入几滴。精油是从花朵、草药以及树皮中提炼出来的，让植物散发芬芳的细胞被称为植物"精华"。一定要选用纯粹的精油，避免那些人工合成的品种。

薰衣草、洋甘菊、桉树、柠檬和薄荷是常见的几种精油，每一款都有着不同的功效。比如，薰衣草有助于睡眠和放松，而薄荷则更具有刺激性，有助于缓解抑郁。精油天然就有着柔和而美妙的疗愈功效，能够给你的身体注入一股妙不可言的疗愈之力。

确立当日目标

我要尝试不同的精油，寻找最能使我平静或为我带来活力的品种。我要专注于每一种香气带来的感觉与乐趣。

6月15日

认清直觉与恐惧的区别

认识到直觉与恐惧的区别是非常重要的。可靠的直觉会通过一种公正客观、不带感情的方式将信息传达出来,这样的直觉让你由衷信服,并且给人宽慰和力量。在感知到这些直觉的时候,你可能偶尔会有一种超脱的感觉,仿佛在影院里看电影。与之相反,恐惧则带有强烈的情感冲击力,它传达的通常是一种基于从前的心理创伤而产生的带有批判性的信息,比如"我不够好"。

写出你最害怕的五件事,这能让你明白哪些直觉值得质疑。比如,你或许对被抛弃或遭遇失败心存恐惧。我的一些患者无法摆脱的另一种恐惧是,因曾遭遇重大感情创伤而担心自己无法维系新的、健康的恋爱关系。正如我告诉他们的那样,即使受了重创,你也能学着重新敞开心扉。

真正的直觉永远不会打压你,也不会将自我贬低的心态强加于你,而是会永远支持你做出最好的选择和行动。

> **确立当日目标**
>
> 我要练习认清恐惧和直觉之间的区别。我要信赖那些激发内心至善一面的直觉。

6月16日

不受家庭环境的负面影响

家庭是鲜活的有机体。家庭成员的身心健康和做事方式,是构成家庭整体健康的元素。在一个健康的家庭里,你将学会认清自己的需求和感觉,能够不断从父母那里接收到充满爱意的信息,也能得到他人的重视。一个不健康的家庭则缺少明确的界限;这种家庭的沟通方式可能也不够好,侮辱和埋怨都有可能发生;某个家庭成员或许会成为家庭的替罪羊;父母则可能深陷药物成瘾或感情创伤而不能自拔。

如果你来自一个不健康的家庭,那么接受每个家庭成员的缺陷并降低期望才是明智之举。与有害身心的行为划下明确而不失礼节的界限,能够避免你沦为出气筒。另外,也请意识到你的亲人会如何触发你的负面情绪,然后想好如何回应。在家庭聚会上,保持镇定、冷静、中立。如果有人想要把你卷入负面的交流中,比如让你跟你的家人反目成仇,那就坚决不要上钩。你无法选择你的家庭,但你能够控制自己的行为。

确立当日目标

我不会允许自己在情感上卷入不健康的家庭旋涡之中。我要与亲人划定清晰的界限,我没有责任修补家人之间的裂痕。

6月17日

全然接受自己

　　敏感之人所能做出的最大限度地释放自我的改变，就是练习自我接纳。这意味着拥抱你自己真实的样子，包括你的优点和仍需改进的领域。我们每个人都是独一无二的，世界上只有一个你。与其拿自己与他人比较，或是试图做出虚假的姿态来取悦世界，不如花些时间放松、沉淀，好好做自己。你不必佯装任何人。

　　全然做自己是一种绝妙的感觉。自我接纳并不会让你安于现状或停止进步，而是会让你向着发自内心的方向迈进。如果你觉得自己在某一方面"不如"别人，那么这便是一个让你带着悲悯之心练习自我接纳的提醒。没有人是完美无缺的，正因如此，我们每个人才如此迷人。

> **确立当日目标**
>
> 每一天，我都要全然接受自己。我要为自己的优点而感恩，同时接受自己的弱点并努力改善。我要不断地疗愈自己，不断地前进和成长。

六月　187

6月18日

向高敏感男士表达敬意

父亲节在六月，让我们向所有勇敢而敏感、能够无畏展示自己的情感、慷慨表达爱意的男性致敬吧！他们不怕做出承诺，不会在感情上若即若离，能够大方地给予爱和接受爱。

一个有同情心的男性能够关爱他人，为他人撑起一片远离是非的空间，让对方展露真实的自己。但是，富有同情心的男性必须不断滋养自己的敏感之心，让自己安于此身，并与消极之人划清界限，以免自己的精力被掏空。

所有被称为"娘娘腔"或在童年遭人欺负的高敏感男士，我要代所有伤害或羞辱过你的人说声"对不起"。那些施暴者只是对你的力量和敞开的心扉感到惧怕而已。我要感谢所有高敏感父亲、高敏感祖父，以及每个勇敢地将内在力量和敏感之心融于己身的男性。

> **确立当日目标**
>
> 我要向生命中拥有高敏感之心的男士表达谢意。我要让他知道，他树立了一个多么伟大的榜样。

6月19日

父亲的教诲

父母是世上最适合帮助我们成长的人,他们的任务就是为我们提供不同的经验教训——从如何接受爱与关怀,到如何面对心痛与抛弃。

花些时间,思考一下你的父亲教给你的东西。将你的笔记分为两栏:一栏是积极的经验,一栏是痛苦的教训。从积极的角度来看,你的父亲有没有展示出正直、坚韧、坚强以及爱的能力?如果答案是肯定的,那么他又是如何将这些价值观传递给你的呢?从另一方面来说,你的父亲是否待人冷漠、伤人感情、喜欢挑剔或者以自我为中心呢?同样地,你也可以问自己:"他通过这些令人不悦的行为教会了我什么?"你或许学会了更加用心地对待孩子,或是对伴侣少些挑剔。

无论你学到了什么,都请利用这些经验让自己变得更加仁爱、更富同情心、更加友善吧。

确立当日目标

我要把父亲看作我的老师,无论他是不是一个善于关爱他人的人。我要思考我从他身上学到的东西,让这些经验教训帮助我关爱自己,成为一个更好的人。

六月

6月20日

夏月冥想

　　这是一个很特别的夜晚，恰好是日照时间达到峰值的夏至日前夜。这是一个值得用心享受的夜晚，因为美好、爱与激情的力量正在澎湃高涨。抬起头来，将这轮明月看作夏日的信使，以她作为冥想的对象，期待新季节的到来。她知道夏日已近在咫尺，她正对地球上这充满光明的时节低头展开笑颜。

　　感受你体内强烈而又柔和的月光。让它滋养你，驱散一切疲惫不安。月亮渴望着即将到来的光明时节，也期盼着她将经历的所有月相。请允许自己对即将到来的改变充满期待。

确立当日目标

　　今晚，我要举头望月，让她的光芒灌注我的全身。在这夏日的前夕，我将迎来一个全新的季节。

夏季

热情，玩乐，丰裕

夏季是阳光最充足的季节，这有助于我们体验自己的内在光芒、热情以及丰裕。太阳与火元素通常被作为夏季的象征。

夏季，万物都变得更加柔和、梦幻、感性。白昼温暖舒适，夜晚芬芳宜人。雏鸟离开鸟巢学习飞翔，花园则因鲜花和蝴蝶而生机勃勃。

夏季给你带来了一份催你玩乐的特殊礼物。高敏感人士有时会过于认真严肃，因此夏季便特地召唤你放松身心。这是个休闲的时节，学校也放假了，你可以多开怀大笑，少愁苦烦心。你可以穿上泳衣、拖鞋或短裤，赤脚走路也是一种让你活力焕发的"接地气"练习（详见 3 月 29 日文章）。另外，走进大自然，暂时远离网络，也是一种让人解脱的体验。没有了手机、电脑或工作等猝不及防的打扰，你便可以重回你的自然节奏了。

夏季也会给高敏感人士带来挑战。天气太热、太潮或是光照太强的时候，你的感官可能会受到过度刺激。海滩、公园以及其他度假场所经常人满为患，这与我们心目中的玩乐也是不一样的。

夏季是丰裕和激情的体现。和农作物逐渐成熟一样，你也可以朝着自己的目标进发。在这段时间，你所在的半球朝太阳倾斜得最为剧烈。夏至是一年中光照最充足的一天，也是夏季的开始①，这一天会为你个人生活和精神世界的拓展定下基调。要想享受这充满光明的季节的魔力，关键在于在自我关怀领域做出正确的选择。

---

① 我国习惯以立夏节气作为夏天的开始，西方人则常以夏至到秋分为夏季。——译者注

6月21日

散发自己的光芒

夏至是一年中白昼最长的一天,日照时间达到最高值。在这一天,你可以专注于激发你的内在之光。这是什么意思呢?这意味着淋漓尽致地做自己。说出你的需求;对能量"吸血鬼"说"不";表达你的创造力;去进行你一直热衷的项目;向你的伴侣倾诉浓浓的爱意;开怀大笑;静心冥想;敞开心扉;感受你的内心之火,而不要踟蹰退缩;与灵性和神秘的力量沟通,让这些力量带走你所有的恐惧;感受自己日益强大;勇敢掌控你的力量,体验这感觉是多么自然、多么美妙。

确立当日目标

今天,我要成为最强大、最耀眼的自己。我要将内在的所有光芒淋漓尽致地散发出来。我要看到万事万物之中的光明。

6月22日

散步

在漫长的夏日里，定期散步或慢走。慢走是一种巨大的奢侈，也是一段让你有意留心自己的身体，任由思想游移到创意模式中的时间。没有人催促你，也没有人给你压力，你不必急着赴约，也无须查看信息。与激烈的有氧运动健走不同，慢走不是一种费力的运动，相反，它能够让你的身体重回更加平稳的节奏，让你的头脑也安静下来。在慢走的过程中，呼吸夏日柔和的空气，感受太阳那抚慰人心的温暖，将你的感官打开。你看到了什么？感受到了什么？嗅到了什么？让自己的精神因孩子们的欢笑和嬉戏而振奋，将繁花、蜂鸟、蝴蝶的灿烂尽收眼底。

确立当日目标

我要舒缓、闲适地散步。我要放慢我的脚步，细细感受沿途的风景、声音以及气味。

6月23日

唤醒内心的冒险家

我们每个人的内心都有一个冒险家，期待着被人唤醒。或许，你已经忘记了自己拥有这样大胆的一面，也可能这一面直到现在都在沉睡。不断出现的义务和无休止的工作，可能会将你的自由精神扼杀。你内心的冒险家喜欢探索未知的领域，而不愿被严苛的日程表或作息计划约束。要让你心中的冒险家醒来，你只需诚心召唤。

在内心默念："我已做好了与你相遇的准备，心中满是期待。"然后，当它出现（它必会出现）时，向它提问："我一直想做却压抑自己未做的事情是什么？爬山？在海滩上堆一座沙堡？去西藏旅行？到加州的半月湾驾驭巨浪？还是去跳探戈？"

不要犹豫，也不要为这样做"不现实"去寻找"合理的借口"，勇敢去做吧。从比较容易的冒险起步，比如徒步旅行时选择一条不同的路线，或是参观一家新的博物馆。然后，通过尝试不同的活动来拓展你的舒适圈。不要想得太多，让内心的冒险家为你指路，将你引向那生机勃勃的探索与乐趣。

确立当日目标

我要了解我内心的冒险家。我要聆听他的想法，将那些发自内心的渴望贯彻到底。我绝不能失去对冒险的渴望。

6月24日

舞动起来

舞蹈可以让你从思绪中抽离，安住于身体之中。像所有低强度有氧运动一样，舞蹈可以改善你的免疫系统、耐力、柔韧性以及心血管健康，另外，舞蹈还可以改善你的情绪。你可以尽情自由释放，畅快玩乐。

如果你感到放不开手脚，那就一点点尝试。适应方式之一就是在自己家中这一私密空间里播放你喜欢的音乐，然后缓缓随之舞动。抬起你的双臂，伸展你的双腿，甚至可以随着节奏旋转起来。在起舞的过程中，一些浓烈的感情或许会浮上心头，比如悲伤、沮丧或是欢愉。带着这些感情继续舞动，任情绪流动。释放情绪有助于清理你被压抑的能量。

研究不同的舞种，找一找哪些舞蹈能给你的身体带来畅快的感受。你也许会选择萨尔萨舞或是性感的探戈、尊巴，你可以随着摇滚乐摇摆，也可以跳加布里埃尔·罗斯发明的五律禅舞等注重即兴发挥的热情之舞。舞蹈能够让你更加充分地表达自己，遵循内心的火焰。

确立当日目标

我要用舞蹈来平衡久坐不动的生活方式。我不惧怕舞动我的身体，我要从舞蹈中获得乐趣和释放，我要享受舞蹈带来的美妙感觉。

6月25日

吟诵

吟诵是一种利用声音进行的充满活力的疗愈方式，包括用吟唱祷文的方式来平衡你的身体系统。这能让你超越日常生活中的烦恼，感受内在的宏大与喜悦。随着瑜伽在全世界的盛行，吟诵"om"这样的神圣梵音已非常流行。"om"的意思是和平，它被人们认为是贯穿宇宙的无声之声。

你可以自己进行吟诵，也可以听录音。如果你是独自吟诵，你可以自行选择一句话，比如"和平"的"om"和"shalom"[①]，可以是"愿你的意旨达成"[②]，或者代表"我是神圣之爱"的"aham prema"[③]，抑或一句简单的"随它吧"。在冥想的状态中不断重复这句话，允许自己将它吟唱出来。

---

① 希伯来语。——译者注
② 基督教祷文。——译者注
③ 梵语祷文。——译者注

> **确立当日目标**
>
> 我要将吟诵视为一种平衡神经系统、缓解压力以及与音乐愉快互动的方式，并进行探索和尝试。

随心漫游的乐趣

有时候，漫无目的地四处走走感觉很棒。你不必有任何方向，只需跟随你的直觉。这种随性的漫游也许会吸引你。你只需单纯地跟随直觉，顺其自然。在感到安全并能够控制局面的情况下，高敏感人士热爱跟随直觉探索世界。

在夏日的清晨，我有时会离开我位于威尼斯海滩的家，漫无目的地四处走走。我不知道自己会走到哪里，而这正是乐趣所在。我会受不同线索的指引。如果在拐角处看到一只蜂鸟，我就会跟随它。听到远处传来海浪拍打沙滩的声音，我便会朝海的方向走去。如果嗅到焚香的气味，我会去寻找来源。我从不知道自己会碰到什么东西，也不知道会遇到什么人。

你也可以尝试随心漫游。你可以在家的附近、公园、海边、湖边或是市中心漫步。你是自由的，无忧无虑地四处漫游吧。如果你能关掉手机，那就再好不过了。以你内心的声音和伟大的神秘力量作为向导。

确立当日目标

我要享受随心漫游的乐趣，看看直觉会将我带到什么地方。我要留心身边经过的人，以及我探索的街区的点点滴滴。

6月27日

自我肯定

如果你像许多敏感之人一样过于严肃,那么请利用这段自我肯定的文字找回生命的轻盈。尽可能频繁地重读这段文字,感受你的凝重逐渐消散。

> 我如羽毛般轻盈。
> 我无忧也无虑。
> 我是安全的,也是受到保护的。
> 我如风般奔跑。
> 我如鸟儿般翱翔。
> 我如蝴蝶般振翅。
> 我是苍穹,也是繁星。
> 我与宇宙合而为一。
> 我充满感激。
> 我被神所庇佑。
> 我能展露笑颜。
> 我的心中一片平和。

确立当日目标

为了缓解积蓄已久的凝重,我要重复这段自我肯定的文字。我要遵循自己自由的一面,也要留意生命中不可或缺的灵魂之轻盈。

6月28日

平衡工作与娱乐

夏季是一段纯真的时光,是用来放空和娱乐的。检视你的日程安排,看看该如何更巧妙地平衡工作与娱乐。整个夏天都被禁锢在办公桌旁,这是最糟糕的选择。再回首时,你不会说:"真希望我能在那年六月多加些班。"因此,请把你的优先事项规划好。即使你有一份高压力的工作,许多行业的整体速度也会在这个季节自然慢下来,一些工作场所甚至会在周五提早关门。想想看,该如何规划空闲的午后或假日。如果你能将这些日子在日历上标出来,那么把它们用来玩乐便会显得更加切实可行。

夏季也与假期息息相关。如果能定期从枯燥的现实中得到休息,高敏感人士就能够得到健康的发展。如果不这么做,他们就有可能变得倦怠、无法喘息、筋疲力尽。如果你是个内向的高敏感人士,你也许会喜欢隐居在林中一间安静的湖畔小屋里;如果你是个外向的高敏感人士,那你就可能被大都市的灯红酒绿吸引;但与此同时,你也需要定期休息来缓解压力。如果你能平衡好工作与娱乐,你的身体就会感激你。

确立当日目标

这将是一个充满乐趣和冒险的夏季。我要认真审视我的日程安排,为娱乐和随性的活动腾出时间。

6月29日

舒适出行

夏装的好处在于面料柔软轻薄，因此受到高敏感人士的喜爱。身穿短裤、T恤、轻便的棉质连衣裙、游泳衣以及凉拖，可能会让你感到更加自由和凉爽。然而，虽然有些服装能让你感到更有自信，有些却可能让你觉得紧张或不适。

天气越暖和，人们的衣服越轻便，所用的布料也越少。有些高敏感人士觉得短小的衣服太过暴露。如果身着泳衣（尤其是比基尼）、暴露的短裤，裸露双臂或腹部会让你紧张，那就选择适合你的身材、能帮你增强自信心的衣服。你可以穿上柔软飘逸、暴露程度不会让你觉得不舒服的衣服。穿连体泳衣、纱笼或宽松的土耳其长衫也很有乐趣。除此之外，你还可以利用本书中分享的许多保护自己的策略来缓解焦虑。

尽管身体意象问题会在夏天更加频繁地出现，但你仍可以将这个季节利用起来，选择适合自己又不会让你感到尴尬的衣服。

确立当日目标

我要挑选舒适的衣服。在穿着问题上，我不会受他人或时尚的影响。我要停止挑剔别人的外貌，也不再批评自己的外貌。

允许自己放松

允许自己定期从日常生活中解脱出来，这一点很容易被人遗忘。你或许常被生活琐事淹没，从等待水管工上门，到完成某个项目，再到接孩子放学，你的待办事项似乎没完没了，但别总想着把所有事情都做完，这种努力不但让人筋疲力尽，而且几乎是不现实的。尽力做到最好即可。另外，即便眼前还有很多任务需要完成，你也应给自己腾出至少一个小时的放松时间。

让世界停下来，逃离一段时间。这段"自我时间"能让你找回自己和自己的梦想。允许你的想象力和天空中慵懒的云朵一起游移，感受你的思绪和你广博的存在之间的空间。如果你的身体确信自己经常有机会休息和释放压力，单是这种认知，就能让它松一口气了。

> **确立当日目标**
>
> 我要检查我的日程，定期从义务与压力中抽离。这些舒缓身心的小憩，能够滋养我的身心。

七月

悉心照顾自己，
永远以爱为方向

7月1日

当一天的叛逆者

唤醒内心的叛逆者，有时会让你深受启发和鼓舞。你心中的叛逆者敢于质疑那些根深蒂固的论断，并会努力揭开你生命中或这个世界上真正对你有意义的事实，与人云亦云截然相反。

今天，允许自己唱一次反调，捍卫自己的信念。怎么做呢？不要一听到电话铃就去接听。把你不加过滤的想法告诉一位好友。质疑你生命中那些不容辩驳的人，也就是那些持有"不可挑战"的理念的人。打破一些规则。对任何贬低你的敏感之心的内在或外在声音说"不"。做一个稳稳扎根于自己力量之源的高敏感人士，不要有任何顾虑。

确立当日目标

我要允许自己变得叛逆，对任何不可靠的事情大胆质疑。我内心的叛逆者会将我的主见与热情点燃。

7月2日

别再习惯性取悦别人

你是否总想讨别人开心？是否经常把别人的需求摆在自己的需求之上？作为一个敏感的人，你是天生的给予者，总想满足所有人的需求，但这也可能导致你习惯性地取悦别人。

为他人的最大利益着想，这当然是值得赞美的，但一味取悦他人却会将你的关爱行为推向一个极端。这种倾向反映的可能是自尊心的低下，可能是对冲突的回避，也可能是对如果不过度付出就会遭拒的恐惧。也许在成长过程中，你曾将得到认可与取悦别人联系在一起。因此，你试图通过赢得他人的好感来获得关爱。此外，你或许也觉得自己应该对他人的情绪或身体状况负责。如果习惯于取悦他人，你就可能过度付出，并压抑自己的需求和情绪。

要想摆脱这种习惯，第一步便是对一些小事说"不"。同时，也请对某件事表达自己的看法（从一件不牵扯那么多感情的事开始），即便你的意见与朋友或家人的不同。

坚定地表达自己的意见能帮你树立自信心。你不必时时刻刻都人云亦云。你真实的自我理应得到别人的喜爱与尊重。

确立当日目标

我要留心自己取悦别人的习惯。我要在表达自我需求和支持他人需求之间找到平衡。

7月3日

发展相互扶持的关系

我们和许多人一起生活在这个世界上。其中有些人待人诚挚，相处起来很愉快，有些人则较难相处。找到一种舒适地与人相处的方式是很重要的，这样一来，你才能发展出彼此扶持的和谐关系，而不是彼此拖累的关系。

在彼此扶持的关系中，你会与个人生活、工作以及更广大世界中的人维持一种健康的依赖关系。你们彼此依靠，彼此支持和尊重，共同完成项目合作、抚养子女、团队运动或群体远足等具体任务。

与之相反，相互拖累则是一种不健康的依赖形式。当你对别人的生活和问题的关注多过对自己的关注时，相互拖累的状况就有可能发生。因为害怕承担后果，你不愿坚守自己的需求，也不愿划下明确的界限。

花点儿时间梳理并写下你的人际关系。哪些关系是彼此扶持的？哪些关系是相互拖累的？列出一些可以改善后者的积极举措，比如，降低联系对方的频率，设置明确的界限，或是允许他人犯错并从中吸取教训。接下来，逐步重塑这些相互拖累的关系，并珍惜那些彼此扶持的关系。

确立当日目标

我要用心检视和疗愈我在依赖关系上存在的问题，并在我的人际关系中找到一段相互扶持的健康关系。我不会被别人的生活所吞噬。

7月4日

悉心照顾自己

自由使你能够做出自己的选择，以充实的方式生活，并表达你同情与敏感的声音。当你把自己从不健康的关系和消极的想法中解放出来时，你的情感就会更加自由。

这是一年中社交活动最多的时候，烧烤、野餐不断。今天是美国庆祝国家独立的日子，即便如此，你也可以慢慢来。对于高敏感人士而言，烟花表演、派对、热闹的气氛以及人群或许"太过刺激"，噪声、豪饮以及大喊大叫或许超过了你能忍受的极限。动物和敏感的人大都喜欢躲在室内，以减少刺激。

今天请特别悉心照顾自己。你也许乐于与家人和朋友相聚，共享美味佳肴、亲情、友情以及欢声笑语，你也可以选择无须点燃烟火的对感官有益的安静活动，比如去听音乐会或参观博物馆。试着友善地拒绝邀约，或者限制社交时间，以免让自己出现难以脱身的感觉。另外，待在家里也无可厚非。看看电影，和宠物亲热亲热，冥想，做一顿美餐，听听音乐，或者干脆休息。假期会让你放缓脚步，从而将时间延长。

确立当日目标

今天我要好好照顾自己，巧妙地利用我的精力。我要认识到我是如何将自己从消极关系、旧有的情感模式或其他困境中解脱出来的。我要为自己的进步而欢欣鼓舞。

7月5日

永远以爱为方向

孩子的大脑还在生长发育，很容易受到影响。许多孩子都被父母的理念和批评声洗脑。成年以后，如果不进行清除不属于自己的理念的疗愈工作，幼年学到的东西就可能永远印在脑海中。

将那些声音从大脑中清除，将自己释放出来。今天，留意父母传递给你的消极信息，以及你是如何接收这些信息的。把你最想忘却的五种理念或声音写下来，比如"我体弱多病"，"孩子就该乖乖听话，少出声"，"我总让人失望"，或者"我必须批评我的伴侣和孩子，否则对方永远也不会进步"。

然后，做一次深呼吸。这些信息会制造痛苦，不要强化它们，它们并不是现实。相反，请告诉自己："我要永远以爱为方向。我不会让父母侮辱性的评判占据我的头脑。"

作为对老旧言论的反驳，在日记中写下全新的自我肯定式信念，比如"我是个聪明、体贴、强大的人"，以及"我的生命很珍贵"。用充满爱的思想来覆盖那些有害的理念，这能帮你消除幼年遭受的洗脑的影响。

确立当日目标

我不是我的母亲，也不是我的父亲。我要选择积极的理念，避免受到他们传递给我的消极理念的影响。

7月6日

无所畏惧

勇气能够消除恐惧，也能够赋予你克服障碍所需的清晰思维和力量。勇气能让你的直觉进入状态，与伟大的存在建立联系。这不一定意味着你不再恐惧，而是说，虽然感到恐惧，你仍能一如既往地前进。

想想你崇敬的勇敢之人，有助于你鼓起勇气。我会集中精力去想纳尔逊·曼德拉和马丁·路德·金，他们的勇气会让我更加勇敢。传奇音乐人琼尼·米切尔说，她会被那些无惧之人所吸引——这句话我也同意。你也可以去寻找那些能让你获得力量的人。

回想一下你勇敢面对过的处境。你或许听从了自己的直觉，不顾别人的意见选择了一份感兴趣的职业；也许你曾为了一位需要帮助的朋友挺身而出；也可能你只是在心情沮丧时激励自己去上班而已。所有有勇气的行为都有重要意义。不断培养勇气，摒弃恐惧，你会得到更多的支持。

确立当日目标

我是强大的。我是有能力的。当我对自己有所质疑的时候，我要祈祷自己能够感受到勇气，能够从那些展现勇气的榜样身上获得力量。

停止自责

作为一名心理医生，我非常了解大家对自己有多苛刻。我的一位老师说，每天少苛责自己一点儿，你才能有所进步。用慈爱的想法来代替苛刻的想法吧。专注于让你心存感恩的一切，而不是你缺乏的东西。

人性之所以如此美好，是因为我们会努力通过自己所做的一切培养慈悲和善意。很多时候，善待别人比善待自己更容易，人性本就如此。然而，请鼓励自己，每天都让自己沉浸在更多的温柔中。比如，告诉自己"面临困难时，我处理得很漂亮"，或是"我今天感到很疲倦，所以放缓了步调"。苛责只会削弱你的活力。仁爱的奇迹就在于，它能鼓舞你的精神，并能成为通过多种途径给你带来慰藉的心灵药膏。

爱自己并不总是件容易的事，但这仍是一个值得追求的目标。有了自我同情，敏感的你便能够健康成长并享受自己的天赋了。

> **确立当日目标**
>
> 我要在苛责自己的时候有所觉察。我要带着仁爱之心，温柔地将注意力重新调整到那些我做得很漂亮的事情上。

7月8日

聆听内心的战栗

内心的战栗是直觉的一种表现形式，这是你的身体在表达"没错，这件事让我备受鼓舞，感觉很棒"，或者"我觉得这件事不对劲儿"。留心自己何时会产生战栗之感。这种情况出现在你对某事产生强烈的积极或消极反应时，且与"战斗或逃跑"的应激反应相关。这些战栗是在提醒你留心发生的事。

在我为我的《积极能量》一书采访音乐大师昆西·琼斯时，他说："我听从内心战栗的指引。每次被什么东西真正触动的时候，我就内心战栗。这时，我就知道我选对了路。如果我的内心没有战栗，那就一切免谈！"

如果你也有过内心战栗的经历，那就保持警觉，然后问问自己："刚刚发生了什么？这对我而言意味着什么？"比如，听到一首动人的歌，你或许会内心战栗，莱昂纳德·科恩演唱的《哈利路亚》几乎次次都会让我有此反应。

令人紧张或恐惧的情形也会引发内心战栗。将内心战栗视为一种告诉我们如何行动的重要信号，这是你的身体智慧在直接向你传递信息。

确立当日目标

我要在内心战栗时多留意，并审视它们所传递的直觉信息。我要聆听自己身体的信号。

既视感

你有没有对某个素未谋面的人产生过强烈的似曾相识的感觉？或者，在某件事的过程中，你是否觉得自己经历过完全相同的情形？这种感觉便是一种叫作"既视感"的直觉，这个词来自法语"déjà vu"，它的意思是"曾经见过"。

训练自己对既视感多加留心。这种感觉可能会在与某人见面的几秒内产生，如果你正处于忙碌或注意力分散的状态，你就很容易错过或忽视这种感觉。然而，放慢脚步好好探索这种感觉，会产生深远的影响。你或许会遇到一位灵魂挚友，或是一位一生的至交，你可以跟对方聊任何话题，对方都能心领神会。或者，你可能需要对你的生意或健康问题等领域细心观察，确保做出最正确的决策。认识既视感，能够拉近你与生命的奥秘之间的距离。

确立当日目标

如果出现既视感，我会特别留心，审视它传递的信息。我不会质疑自己，也不会因为忙碌而无暇理会这一体验。

7月10日

仰望星空

我最爱的夜生活不是去夜店或嘈杂的酒店，而是抬头看星星。凝望闪耀的恒星和行星，真是一种让人心生敬畏的体验，其中一些星星距离我们有数百万光年之遥。在我还是个小女孩的时候，这些星星总会给我朋友般的亲切感。作为一个敏感的孩子，有时候，我更喜欢与星月为伴，而不是与人交往。

或许你和我一样，也喜欢仰望星空，从夜空中感受到某种永恒。流星和流星雨（如发生在仲夏的英仙座流星雨）的魔力能够缓解压力。此外，学习认识行星和星座也很有趣。从慈悲的木星到神秘的昴宿星团，你可以通过观察夜空发现无穷无尽的奇迹。一些古代文明会向天空致敬，并建造诸如埃及的金字塔或秘鲁的马丘比丘神庙这样的建筑，从结构上呼应月相、日相以及冬夏两至。

正如物理学家斯蒂芬·霍金所说："抬头仰望星空，不要低头看你脚下。"仰望苍穹吧。意识到我们只是宇宙中的一粒尘埃，能让我们体悟到生命的深度。

确立当日目标

今天晚上，我要不限时间地仰望星空。我要深深地呼吸，感受宇宙的广袤。

安住当下

7月11日

保持凉爽

高敏感人士会对高温和强光较为敏感。夏日里,你可能会对热浪和比平时更加耀眼的阳光有所反应。炎热的天气会让一些人充满活力,但也会让一些人有气无力,甚至筋疲力尽或无法清晰思考。

如果你因夏日的高温、强光和高湿度而心力交瘁,那就做好准备,将保持凉爽和减少光照作为一种自我关怀。你可以尝试不同的方法,比如戴上帽子和墨镜,穿上能够反射光和热量的质地轻薄的白色衣服(而不是能吸收热量的深色衣服)。经常冲凉也很有用。在泳池、湖泊或大海中畅游,可以让你在不太热的条件下进行锻炼。在室内环境中或许有空调,如果没有,就拉上窗帘,遮挡白天的日光。保证每天至少喝 5 杯 250 毫升的水,不要喝让人脱水的饮品,比如过量的咖啡。此外,冷饮和冷餐也能帮你降温。

确立当日目标

如果不习惯炎热的天气,那么我会聆听自己身体的需求,让夏天成为自我关怀和保持凉爽的冥想季节。

与植物交流

许多原住民文化都相信包括植物在内的自然万物皆有灵,我们必须对它们抱有尊重。一些高敏感人士可以与植物共情,也就是说,他们可以与乔木、灌木、花朵以及自然万物进行交流。如果你是其中之一,那么你或许会因共情能力而真切感知植物的生命力和需求。

花些时间与绿色植物和花朵共处。你可以欣赏它们的美丽,也可以拓展自己的感官,感受它们生命的本质。植物能够传播欢乐甚至狂喜。许多原住民文化都推崇植物医学,也就是利用植物疗愈身体和精神的治疗体系。

当你坐在或站在植物旁边时,看看你会产生怎样的直觉。轻轻将手掌放在树干上,感受那里散发出的稳定和安全感。观察树枝与树叶那赏心悦目的颤动。草木会随着气流欢快起舞,唱起独特的歌曲,它们的运动和生命力都有疗愈的功效。仔细聆听这来自植物的魔力,它弥漫在每一处森林、花园和荒野中。

确立当日目标

我要对草木和花朵表示敬意。我要关注大自然,让自然之力赋予我能量。

7月13日

借助海洋之力

高敏感人士常常被海洋吸引，你或许也一样。海浪那原始的声音能让你感到安心，并从灵魂深处产生共鸣。我们的地球受到许多水体的惠泽，它们支撑着这个星球上万物的生命。

如果你感到心力交瘁或只是想要冷静下来，那么就到海边去吧，吸收大海产生的有助健康的负离子。一些人有幸住在海边，但即使你住在内陆地区，你也可以通过照片、音频以及视频来欣赏大海那抚慰人心的声音与影像。

潮汐是月球引力引起的潮水有节奏的涨落，每天都有两次涨潮和两次落潮。当放慢脚步，用直觉去感知时，你便会感受到潮汐的力量。对于拥有敏感之心的你而言，这种感知会自然而然地出现。体悟大海那古老而欢愉的跃动，帮助你恢复能量。

确立当日目标

我要借助海洋之力来唤醒自己的活力。我要让海浪和潮汐的疗愈能量使我重获新生。

7月14日

梦的解析

我对梦境情有独钟，因为我在梦境中会全然处于当下，不像清醒时那样思虑过去或未来。在梦里，我们被带入原住民文化称为"梦幻时间"的非线性直观状态中，一般意义上的时间不复存在。

我从小就是个爱做梦的高敏感人士，我一直迷恋梦境，也会在醒后将梦中的细节记录在日记中。或许你也是这样的，你对接收到的信息充满好奇，也会允许它们指引你。

夏季是一个让人铭记梦境的大好时机，连空气中都仿佛充斥着魔法。莎士比亚在《仲夏夜之梦》中向我们展示了这一点，这部喜剧讲述的是年轻恋人和演员被林中精灵施以魔法的故事。

如果你想要记住和阐释自己的梦境，那就按照我在3月30日的文章中讲述的方法去做。在一周的时间里每天记录你的梦境，这项训练能帮助你回忆梦境。

确立当日目标

我要在梦境中寻找指引。梦境给我的答案能够帮助我对日常生活、身心健康以及自我关怀有更加深刻的认知。

吃点儿巧克力

巧克力能够迅速改善你的情绪，它能刺激你体内的天然抗抑郁药血清素的分泌，使你不至深陷负面思想中。另外，当你从他人那里吸收了情绪或压力时，巧克力也能为你增添能量。

选择什么种类的巧克力很重要。黑巧克力含有较多的咖啡因，可能带来过度刺激，但它所含的奶和糖也更少；用牛奶和精制糖做成的牛奶巧克力则有可能加重身体的炎症。

有机生可可是一种很棒的巧克力替代品。人们将它视为一种超级食物，因为其中含有大量的植物性铁元素和抗氧化剂，且不含人工甜味剂。可可原豆在制作巧克力时要经过加热和加工，这种方法会破坏许多营养素，而生可可则是在加热和加工前提炼出来的。

对敏感的人来说，少量巧克力或有机生可可（大约一到三小块，或是几粒可可碎）是很好的能量补充剂。多于这个摄入量有可能引起血糖波动所带来的情绪起伏，让人筋疲力尽。因此，当你有压力时，用少量巧克力或生可可作为情绪稳定剂犒劳自己吧。

确立当日目标

在疲劳或易怒时，我要摄入少量巧克力或有机生可可来平衡我的身体系统。我要避免摄入合成的精制糖。

7月16日

按摩太阳穴

当你感到焦虑、疲劳或紧张时，要养成按摩太阳穴的习惯，以此来释放压力，稳定情绪。这种简单的方法能够放松你的颞肌，缓解头痛，并加速该区域的血液循环。同时，这种做法也能打破可能由情感痛苦或超负荷所触发的强迫性思维、杂念以及恐惧感。以下是具体做法：

在入睡前或一天中的任何时候，深呼吸几次，让你的注意力回到身体上。然后，将两根或三根手指置于脸部两侧眉毛和发际线之间的太阳穴上，在感觉舒适的前提下施加轻柔到中等的压力。这种方法旨在达到舒缓和恢复能量的功效。因此，请深深地吸一口气，然后缓缓吐出，享受这种感觉吧。

> **确立当日目标**
>
> 作为自我关怀的养生方法之一，我要养成按摩太阳穴的习惯，放松自己，回到当下。

7月17日

驾驭你的意志力

意志力常遭到不公平的指责。当然,从头脑中跳出,向心中求索,这往往是明智的选择,但是,意志力能够赋予你坚韧的心态,抵挡消极思想的洪流。当消极思想势不可当时,将你的注意力集中成一把利剑,告诉自己:"我有能力抵挡这个威胁,它伤害不了我。"如此一来,意志力便会成为你的盟友。

勇气既来自你的内心,也源自你的头脑。在抵御来自他人或这个世界的负面能量和压力时,将内心和头脑都调动起来是很有效的。有了方向明确的意志力,你就会变得像什么都不粘的特氟龙——恶意中伤、评判的言论以及有害的能量会从你身上瞬间滑落,对你毫无效果。学会驾驭自己的意志力,是高敏感人士的工具箱中一件不可或缺的利器。

确立当日目标

为了成为一个身心平衡的高敏感人士,我要培养坚强的头脑与心灵。我要在需要时调动自己的意志力。

7月18日

滋养自己的身心

营养的形式有很多种。它不仅是你摄取的食物，也是你听到和看到的东西，还是你结交的朋友。请留心自己"摄入"体内的各种东西。

滋养身体意味着通过饮食、运动和充足的睡眠来照顾好自己的身体。除此之外，定期的按摩以及灵气疗法或针灸疗法等其他类型的肌体治疗，也能释放滞留在身体里的压力和情绪。

在情感层面，他人的关爱、积极心态、友情和亲情都能给你带来滋养。营养也由内生发。越是能意识到头脑编撰出来的基于恐惧的故事不是现实，你就越能感到充实和满足。

精神上的滋养来自你与自己的内心和某种更高能量的连接，也来自悲悯之情。冥想会帮助你加深这种联系。

今天，问问你自己："我能做些什么来滋养自己呢？"然后采取相应的行动，如休息、冥想、与好友共处或是在大自然中漫步。学会滋养自己，这是一种能够提升你的能量，让你活得更加舒适的自我关怀方式。

确立当日目标

我要每天滋养自己的身体和心灵。我要借助正能量和同情心的力量变得强大起来。

7月19日

控制局面，驱赶负能量！

你或许会对那些消极而充满压力的想法上瘾，一旦想到了就难以停下来。这些想法具有强迫性和重复性，能在你的脑海中无止无休地重复一天。这会让你心力交瘁！因此，你必须进行干预，以便控制局面。

这些想法是一种你强加于自己的折磨。不要让它们决定你看待自己和世界的方法，因为它们不是现实。你必须问问自己："如果我认识到这些想法不是现实，我的生活会出现什么样的改变呢？"花些时间做记录。如果你仍然相信这些想法传递的错误信息，那你就很可能感到无精打采、郁郁寡欢。相反，你要控制局面，告诉你的大脑："你们是虚幻的错觉臆造出来的假象，我能看穿你们，也能感受到存在于你们之外的真相与同情的场域。"正如约翰·列侬所说，爱才是唯一真相，也是我们必须关注的东西。让"爱"成为你的口诀，驱赶那些使你无力的苛责声。

> **确立当日目标**
>
> 我不会允许自己被思绪折磨得心力交瘁或郁郁寡欢，我要在遇到压力和困难时善待自己。

七月 223

7月20日

峡谷观想

当你感到不知所措或心神涣散时,通过下面这个观想练习来回到当下:

做几次深呼吸,放松你的身体。如果有思绪入侵,就继续深呼吸,让思绪如天空中的云朵一样飘过,不要被它们带走。让呼吸的节奏帮助你完全回到自己的身体之中。

想象自己在一个宏伟巨大的红色峡谷中行走,那里满是形状大小各异的宝石与巨石,其中一些经历了数千年的沧桑,它们坚毅、睿智、无处不在。这天风和日丽,温度宜人,正适合你在这迷人之地四处徘徊。留心你会被哪些岩层所吸引。然后,让你的手掌或整个身体贴在上面,感受岩层的力量,让岩层帮你回到当下。你也可以坐在一块巨石上,感受它的稳固、温暖以及凝重。让这峡谷的令人沉稳的生命力以及天然形成的岩层将你带回当下,与至善至纯的自己连接。

确立当日目标

在想要回到当下的时候,我便会想象出这个神奇的红色峡谷。无论何时,我都可以到那里去,它会一如既往地欢迎我的归来。

体悟化蝶的深意

饲养帝王蝴蝶，观赏它们那令人称奇的蜕变，能给予我极大的乐趣。它们从肥嘟嘟的毛毛虫，变成一种在点缀着金点的小小绿色蝶蛹中向外渗液的东西，最终破茧成为美艳的新生蝴蝶。

夏季是饲养蝴蝶的理想时段。只需在蝴蝶培育场买一株马利筋，把它放在室外，帝王蝴蝶就会找到它。马利筋是毛虫的唯一一种食物。我把我的马利筋放在一只玻璃容器里。刚开始，我会把容器打开，吸引成年帝王蝴蝶在里面产卵。之后，我会关上容器门，看着小小的毛虫迅速出现，吞噬树叶，长胖长大。然后，它们便会变成蝶蛹。两周之后，完成发育的帝王蝴蝶便会破茧而出，迎来新生。新生蝴蝶的翅膀需要几个小时的时间才能完全干燥。在这之后，我便会把这些可爱的生物放飞，让它们翱翔天际，完成此生的使命。

蝴蝶也象征着我们的彻底转变。在基督教里，蝴蝶代表着复活。对印第安人来说，蝴蝶则是改变与希望的象征。带着蜕变的精神，你既可以饲养帝王蝴蝶，也可以单纯地观察，从它们美丽的身影中获得灵感。

确立当日目标

我要深思蝴蝶象征的意义。我要从蝴蝶的自由和转变之旅中汲取动力和灵感。

7月22日

划定你的个人空间

我们每个人都有一道看不见的能量边界,它决定着我们的舒适程度,也就是我们的个人空间。

在个人空间被侵犯时,你或许会感到疲劳或焦虑。尊重这片空间可以保护你不至手足无措,也能让你避免将不必要的情绪和感觉吸收到体内。

划定你的个人空间,让它保护你,避免将他人身体或情绪上的压力揽到自己身上。想想看,你在与别人对话或接近他人时喜欢保持多远的距离?对个人空间的要求会随周围环境、家庭教育以及文化而有所不同。在机场或等候室这样的公共空间,我理想的距离大约是60厘米,和朋友之间的理想距离则大约折半。你对个人空间有何要求?什么样的距离才能让你感到舒服?这是需要你掌握的关于自己的重要信息。

确立当日目标

我要确认在不同环境中理想的个人空间需求。我要尽最大努力保持这些个人空间,让自己感到安心自在。

7月23日

拒绝喋喋不休之人的侵扰

在聚会时，你是否曾被细数自己生平点滴或无论如何也不肯停嘴的人缠得无法脱身？这个人连一口气也不肯喘，让你一个字也插不进去。虽然你已是一副如坐针毡的样子，但这些"话痨"仍然对你的身体语言视若无睹。敏感之人往往过于礼貌，因为他们不想冒犯别人。和他们一样，你可能也会硬着头皮听完冗长的唠叨，但事后却会筋疲力尽，需要小睡一觉。

找出你生活中喋喋不休的人——是你的婆婆、朋友、同事还是发型师？把他们找出来，注意他们喜欢在什么环境下逮住你不放——是全家晚餐时，还是你的午休时间，或者打电话的时候？

为了在人际关系中占有主动权，请制定一种策略来预防喋喋不休者的突然袭击。带着微笑表示："对不起，我必须打断你一下，我约会要迟到了。"我使用的另一种能被他人接受的脱身的说法是："不好意思，我得去趟洗手间。"你不是束手无策的受害者，你有权与那些喋喋不休的人划清界限。

确立当日目标

我要练习带着善意打断喋喋不休的人。这样做能保存我的精力，使我不至于被那些让人劳神的长篇大论所困。

7月24日

拒绝多事之人的侵扰

多事之人通常情绪大起大落，会把你折腾得疲惫不堪。他们会将鸡毛蒜皮的小事夸张成重大危机。如何辨识他们呢？他们说话时往往这样开头："我的老天啊，你肯定不相信刚刚发生了什么！"或者，如果老板没有立刻对他们的工作提出表扬，他们就会发疯似的告诉所有人自己要被炒鱿鱼了。他们对于夸大其词乐在其中，这会让你情绪超载，把你耗得身心俱疲。

千万不要问多事之人过得怎么样——你还是不知道为好！只要看到他们起了兴头，你就要深吸一口气，平稳情绪。聚精会神地直视他们的眼睛只会鼓励他们继续讲下去，因此请限制眼神交流，这能从潜意识层面传达出你很忙的信号。如果在工作场合或聚会上遇到他们，你可以运用表示"我没兴趣"的身体语言——有意将身体转向远离他们的方向，避免进一步的交流。

> **确立当日目标**
>
> 在多事之人在场时，我要多做几次深呼吸，稳定情绪。我要控制自己做出回应的方式，不要助长他们的夸张言行。

营造爱心空间

如果一个你关心的人正身处困境或在表达喜悦之情，那么，为对方营造空间的技巧便显得尤为珍贵。这意味着你要全然身处当下地与对方相处（这种全身心的投入并不是随便谁都能从你这儿得到的）。你的思绪平静如水，你没有承受太多，没有在想该如何改变对方或为对方排忧解难，也没有把注意力放在自己可能被触发的情绪上。相反，你只是带着爱注视着对方，用心聆听，撑起一片没有指责和批判的积极空间，让对方安然做自己。

营造空间是一份你一定要送给别人的礼物。我常常将这份礼物送给我的患者和朋友。你是在创造一种爱的气场，它发源于你，延伸至对方。绝不要低估与别人全身心相处的力量，这可能成为深层疗愈的一座桥梁。

确立当日目标

今天，我要为某人营造一方爱的空间。我要全身心地与对方相处。

7月26日

我不只是我的身体

　　对于线性思维而言,身体和物质世界就是一切。但是,从精神和能量的角度来看,你远不止是你的物质身体。我们的本质是能量。你在生命中所积累的善良和美好,才是在灵魂之旅中与你同在的东西。

　　我相信,人生在世的主要目的,就是获得精神上的成长。这颗星球只是这段旅程中的一站。越能克服自己的恐惧,将自己从痛苦中解脱出来,我们就越能变得光彩照人。

　　如果你能运用自己的直觉去感知自己的灵魂和这个宇宙的广博,你就会知道,你的进化能超越时空,进入神秘之域。

确立当日目标

我知道,我不仅仅是自己的身体。我要用直觉感受灵魂的广阔与永恒,我要感受存在之宏大。

7月27日

"地球学校"的意义

在我的眼中,地球是一所学校,让我们的灵魂有机会在肉身中得以进化。在这里,我们拥有疗愈负面情绪的机会,学着在逆境中变得坚强。这也是一个学会对我们和他人的困境报以同情的机会。每个人都在尽力而为,你或许看不见他人肩负的重担,但这些重担确实存在。我们每个人都有需要应对的挑战。

地球并不是开悟之地,这是一个黑暗与光明并存的地方。我们可以运用自我疗愈之法来超越疾苦。当致力于敞开心扉和接受你那天生的敏感时,你就能成为一位能够治愈包括恐惧在内的负面情绪的疗愈师。地球上会有天灾人祸,但是,你可以成为一个创造更多光明、实现深层疗愈而不深陷于恐惧之中的人。通过培养同情心和相信善良的神奇力量,你可以让自己和整个世界得到蜕变。

确立当日目标

我要将一生中的所有经验当成我在"地球学校"所受教育的一部分。在这里,我将变得更富有同情心,更有智慧。

克服生活中的障碍

障碍是生活的一部分。处理障碍的方法，决定了你克服这些挑战的困难程度。学会在不紧张、不反抗的情况下应对这些障碍，对你的身心健康至关重要。

在面对障碍的时候，要如禅师般游刃有余。强行推进不是正解。不要试图强推或抗拒，而是要后退一步，深呼吸，带着正念思考困难是什么，以及你需要采取什么行动来克服它。生活中不可避免的绊脚石或许是一种信号，提醒你警醒起来，留心当下的情况。

障碍之中隐含的寓意最终能让你受益。比如，遭到拒绝或许是更高能量在帮你避开困境。或者，如果你觉得过于疲劳以至于无法完成目标，这就是你的身体在向你传达："请善待我，好好休息吧。"在陷入僵局的时候，要问问自己："这件事对我有什么意义？我是应该勇敢起来，寻找新的解决方法，还是应该停下来重整旗鼓？"你的直觉会给出建议，告诉你如何用最好的方式继续下去。

确立当日目标

我要将障碍当成我的老师。我要问自己："我能从这些障碍中学到什么？"障碍是让我聆听直觉并采取（或不采取）行动的线索。

7月29日

好好睡觉

累了就休息,这个道理简单有效,值得奉为生活准则。即便是短暂的小睡也能让你恢复精力,以防被疲劳侵袭。如果不利用这些短暂的休整,你就很容易暴露于感官超负荷和心力交瘁的危险中。即使你珍惜每时每刻,生活也会把你耗损得筋疲力尽。你需要定期休整,以应对日常生活的压力。

睡眠能为你的身体补充精力。莎士比亚笔下的麦克白将睡眠称为"人生盛筵中的补药"。睡眠与氧气、食物和水一样不可或缺。通过睡眠,压力会逐渐消退,新陈代谢变缓,感官安静下来,身体则会自我疗愈。睡眠能够为大脑的情绪中心充电,能够增强你的记忆力和学习能力,并提振你的情绪。另外,睡眠还能使皮肤细胞再生,修复老化和紫外线辐射造成的损伤,让你青春焕发。

充足的睡眠也是自我关怀中不可或缺的一部分。了解你的身体和情绪极限,以免让自己过度疲劳或受到过度刺激。休息并不意味着放弃,而是一个喘息的机会,能让你头脑清醒、充满活力。

确立当日目标

在忙碌的一天里,我要争取更多的高质量睡眠,并穿插更多的小睡。我是自身能量的守护神。

7月30日

心存善意

善良意味着当好人和做好事。你要在合理范围之内善待他人，乐于付出，也要通过自我关怀来善待自己。对爱的力量抱有坚定而执着的信任，是人类的智慧之一。

我之所以对善良之心如此痴迷，是因为这是一种纯洁、开放、脆弱的状态。善良之人非常正直。当你重视善良之心时，你的存在便会让人感到真诚、安全，充满疗愈之力。尽管如此，好人并不是天真无知，他们只是有意地选择拒绝傲慢、贪婪，不对他人和地球造成伤害。如果你将善良摆在优先位置，你就没有理由认为自己不如那些为了取得所谓的"成功"而牺牲正直的人（即使你的收入比他们低）。违反正直之心会带来沉重的因果报应。

确立当日目标

我要将自己和他人的善良之心当作一种高尚的品质来珍视。在做每一个决定时，我都要严守自己的正直之心。

7月31日

感受夏之美

今天，把你的注意力放在探索快乐上，这是一种体会愉悦以及吸引正面感受、积极想法、美好事物和愉快经历的能力。有时候，我们更容易将注意力放在痛苦而不是快乐上，因为这一习惯是你从童年起就养成的。但是现在，请将注意力集中在让你感到欣喜的事物上。

夏天独有的快乐包括白昼增长、更加充裕的玩乐时间，以及轻盈自在的生活。你可以尽情嗅闻夜间开放的茉莉、玫瑰等芬芳花朵的香甜气味，观赏蝴蝶、蜂鸟或萤火虫。在散步时，让微风轻抚你的身体，饱览黄昏的色彩。到了夜晚，观察夏月如何进行阴晴圆缺的优雅变化。探索这个季节的美好，让夏季的奇思妙想和活泼灵动赋予你活力。

确立当日目标

我要利用今天来探索快乐。我要发现各种各样的乐趣，充满热情地享受快乐的滋养。

八月

开怀大笑吧,敏感之心是一笔财富

8月1日

开怀大笑

笑是一剂良药。高敏感人士往往倾向于过度严肃和紧张，因此这种理念对我们而言尤其重要。我给许多患者都开出了"笑"这个"处方"。从身体层面来说，笑能够减轻肌肉的紧张，帮助我们释放过去积累的消极、焦虑以及抑郁情绪。笑还有助于增强你的免疫机能，并增加你体内的天然止痛药——内啡肽的分泌。从情感层面来说，笑能让你从紧张、恐惧以及担心中解脱出来，专注于生活中新奇和好玩的因素。大笑疗法之父、记者诺曼·卡森斯会在电视上收看《我爱露西》这类喜剧，他利用每天 10 分钟的大笑疗愈了严重的关节炎带来的剧痛。如果能找到一些好笑的东西，你就能摆脱思绪，安住内心，这不失为一种很好的解脱。

确立当日目标

今天，我要在日常生活中找到一些笑料，或是观看一部有趣的电影。我要把担心暂放一边，让自己开怀大笑。

8月2日

激发童趣

实际上，你人格中的许多方面都应该得到满足。大多数时间里，我们生活的出发点都是心中的那个成年人——也就是那个一本正经、紧盯目标的自己，因而一心只忙着生计、上班以及下功夫经营与他人的关系（当然，这些也都能给你带来满足感）。

然而，无论你的年龄多大，你的心中其实都有一个活泼可爱的自己。如果你将这一面与人格的其他方面分开，生活可能会变成一桩苦差。

因此，今天就唤醒你活泼的一面吧。你可以通过看孩童时的照片来唤醒它。即使你已经40岁、50岁、60岁甚至更年长，这个活泼的自我也仍然存在着。在冥想或写日记的过程中，你可以问问内心中的这一面："你想怎样表达自己？你想休息一会儿，到公园或是海边去吗？你想画画或是游泳吗？"仔细聆听内心的回应，并把它记录在日记中。把你活泼的一面自由释放出来，让自己开怀大笑，尽情玩乐。

确立当日目标

我可不想没完没了地做成年人。过度严肃对我的身心健康是有害的。我要把我内心的孩子叫出来轻松地玩一会儿。

8月3日

内在的火焰

充沛的精力对任何年龄的人而言都是一份厚礼。精力充沛通常与年轻人挂钩，但我也有不少因过度努力而萎靡不振的三十多岁的患者，还认识许多虽然年过七十却仍精力充沛的人。

无论年轻还是年长，活得越来越年轻的秘诀就是自我关怀。无论你在哪个年龄段，只要从现在开始，都永远不算晚。对身体而言，你选择的生活方式很重要。睡眠、锻炼以及冥想的时间长短，摄取的健康食品的多少，对你的感受都有重大影响。就情感方面而言，你的人生态度也扮演着重要的角色。专注于当下，不要因为想到未来会变老而吓唬自己。

要想应对随着年龄增长可能发生的能量变化，你就要意识到自己的体内有一团绝大多数人尚未意识到的火焰，它被称为"昆达里尼能量"。在冥想或静坐时，想象这团火焰从你的脊椎根部生发出来。感受它的热度、狂野以及力量，让它自然地沿着你的脊背向上移动。臣服于这种感觉。这是你热情洋溢的生命力，能让你在任何年龄都生机勃勃。

确立当日目标

我要专注于生机焕发、乐观积极的感觉。我要将内心的火焰点燃。我要感受我的生命力变得越发明亮和强大。

八月

8月4日

得到关注

许多敏感的孩子都觉得自己得不到父母、老师或家人的关注。他们的敏感往往被看作反常现象，而不是宝贵而独特的才能。小时候，总有人对我们说"遇事别太在意"或是"坚强点儿"，言下之意是，我们敏感而富有同情心的天性是有问题的。

从另一方面来说，被他人关注（真正被理解和关心）是一种自由和解放。这意味着别人已经完全接受了你，你不会遭到评判、指责或贬低。在我的工作中，关注是我为患者提供的治疗中一个重要的因素。得到真正的关注时，你会有一种如释重负的感觉。你不必改变，不必转换任何行事方法。无论是你的天赋还是有待改进之处，全都是你，无须掩饰，不必顾虑。被他人无条件地接受，是一种非常美妙的感觉。

> **确立当日目标**
>
> 今天，我要用充满爱意的眼光看待自己。我要与能够真正关注我的人相处。

8月5日

与密友相处

我喜欢与人相处，但我通常只是跟少数几位密友在一起。比起参加大型聚会，我更喜欢和一个或有限的几个人在一起。认识到自己喜欢花多少时间与人相处、多少时间独处，能使你的生活质量得到提升。

请允许自己限制与他人交往的时间。像"真希望你这个周末能过来喝一两小时的茶"这样的话能够帮你阐明自己的需求。这样一来，你其实就是在限制朋友的期望。对于信赖的密友，你可以直截了当地告诉对方："我是个高敏感人士。虽然很喜欢和你见面，但我一段时间后就会开始疲劳。"这样一来，即使你提早离场，跟你关系密切的人也不会觉得他们做错了什么。这样做还有一个额外的好处，那就是你与友人分享了更多关于真实的你的信息。

确立当日目标

我要让自己只与少数密友相处。我不会强迫自己花超出自己承受范围的时间与他人相处。

8月6日

享受私人专属时间

今天，问问自己："我有哪些自我关怀的需求？该怎样满足这些需求？"然后仔细聆听自己内心的声音，并根据你听到的声音采取行动。这种敏锐的自我聆听，能让你成为最好的自己。每当你不愿花时间照顾自己时，请尽可能频繁地重复下面这段自我肯定的口诀：

> 花时间照顾自己的时候，我是在滋养自己。
> 我并不自私，也并非只顾自己的利益，
> 我在实践自我关怀。
> 我需要安静，我需要休息。
> 我需要浸入水中或靠近水边。
> 我需要一个拥抱，我需要有营养的食物。
> 我需要静心冥想，我需要放声歌唱。
> 我需要分享爱，我需要付出。
> 我需要安眠。
> 我需要潜心祈祷。
> 感谢更高能量倾听我的需求。

确立当日目标

我要发现并尊重自己的敏感需求，虽然这些需求可能每天都有所不同。我要享受我的私人专属时间，要为我如此悉心地照顾自己而欣慰。

8月7日

对着星星许愿

夏季是很好的观察夜空的时节。今夜,当你抬头仰望星光熠熠的宇宙时,寻找一颗最吸引你的星星,集中注意力观察它,看看它是怎样闪烁与歌唱的。它在与你对话、交流,它在播撒快乐。然后,将手放在心脏的位置,对着那颗星星许一个愿望。你可以大声说出来,也可以默默许愿。这愿望可以是"我希望获得健康","我希望在生活中找到一个关心我的伴侣",或是"我希望找到一份与我的敏感性情相得益彰的工作"。不要迟疑,将你最深切的渴望表达出来吧。务必只许一个心愿,好让它像一支箭一样直直射入宇宙之爱的矩阵之中。让自己像个孩子那样,暂时把所有怀疑抛到脑后,与你身边的神奇魔力连接。这颗星星就像一位好友,它会以最美好的方式满足你的心愿。

确立当日目标

我要对星星许下一个心愿。我要敞开心扉,接受一切能够发挥作用的无形的帮助。我对充满爱的帮助心怀感激。

8月8日

逻辑与直觉相结合

高敏感人士大多直觉灵敏，对自己的感情有深入的觉知，这些都是非同寻常的品质。但是如果你想做到平衡，重视逻辑和常识也是很重要的。逻辑是指知晓1加2等于3的能力。在适当的时机下，遵循线性推理是一种重要的技能。不过，请时刻将逻辑推理与你内心的声音放在一起加以权衡。

思考一个你当前面临的决策，把它写下来。在标有"逻辑"的那一列，写下理性的解决方案，让自己对可能的选择有一个清晰的把握。然后创建另一列，标注"直觉"二字。花些时间审视内心，感受怎样的选择才能让你感到舒心。留心你接收到的所有图像、觉知、顿悟或身体的信号，把这些也记下来。然后，查看两列的内容，看看两种指引分别会给你的选择带来怎样的影响。如果二者并不矛盾，那当然好；如果某个解决方案虽然在逻辑上行得通，但你的直觉却在说"慢点儿"或"有点儿不对劲"，那就把这也纳入考虑范围。直觉的信号能给你一些有益而微妙的启示，助你更好地走出困境。

确立当日目标

在做选择的时候，我要参考内心智慧的所有形式——逻辑和直觉。我要探索这二者如何共同起作用，让我的生活更加美好。

8月9日

给自己写一封情书

今天,留出一些时间,给自己写一封情书。你可以写在日记中,也可以写在特殊的信纸上。在信的开头写上"亲爱的____",并填上你的名字,然后将所有你欣赏的自己的特质和你的敏感之心写在里面。比如,你可以这样写:"我爱我的眼睛,我爱自己能敞开心扉与人沟通的特质。我是个称职的朋友和忠实的伴侣。我会花时间关照自己。我渴望学习和成长。我还会练习冥想。"在回顾你欣赏的自己的方方面面时,也要认识到你在生活中曾遇到过的挑战以及克服这些挑战的方式,比如:"虽然经历了长时间的求职,但我坚持了下来,找到了一份理想的工作"或是"虽然害怕遭拒,但我还是表达了我在共情方面的需求,最终得到了伴侣的理解"。

这个练习与达到"完美"毫无关系,它旨在拥抱和接受你的全部。用自爱浇灌自己是一剂缓解疲劳的良方,它能用慈悲和理解让你的身心焕然一新。

确立当日目标

我要在给自己的情书中注入关爱和温柔。我要驱逐一切不请自来的负面声音。我要集中精力,对我的自我探索之旅给予无条件的理解。

8月10日

放下过去

或许，你曾经被别人的冷漠无情和麻木不仁伤害过。或许，你的父母并没有支持你的敏感天性或才能，他们可能非但不鼓励你追求艺术事业，反而强迫你上了法学院。或许，你曾因给你造成巨大伤害的情人而黯然神伤。或许，你的朋友曾经让你伤心失望，或是对你缺乏尊重。

我代表每一个曾经伤害过你的人（尤其是那些无法亲自道歉的人），向你致以歉意。我为你曾受的伤而抱歉，我为人们没有真正理解你而抱歉，我为你的感情遭到了忽视而抱歉，我为你蒙受了侮辱而抱歉。请接受我的道歉，请明白你是一个敏感而充满爱心的人。我钦佩你，我欣赏你，我尊重你。

确立当日目标

我愿意疗愈，愿意成长，也愿意对过去的伤痛释怀。我想变得强大，我要发挥我的敏感天赋。

再度信任

有一句深深打动我的犹太谚语说："最为敞开的那颗心，是一颗伤痕累累的心。"话虽如此，在遭到背叛或拒绝时，想要再次拾起信念，仍是一件难事。我看到，尤其是在恋情中经历了伤痛后，我的一些患者会完全将心门关闭。他们太过心痛和脆弱，无法与新的伴侣相处。他们会问："反正我一定会再次受伤，敞开心门还有什么意义？"

高敏感人士在失恋和失去亲人时尤其会感到撕心裂肺的伤痛。我明白这有多么痛苦，也知道哀伤会持续多长时间。但我也明白，你仍想要足够坚强，能够为爱而战，为爱敞开心门。没错，你或许还会受伤和失意——生活的本质就是如此，但你也可以再爱一次，焕发生机。

请谨慎辨别你能够信任的人，慢慢建立关系，看看对方是否善良、有责任心、关爱他人且始终如一。不必着急，让对方慢慢赢得你的信任。但是，在观察的过程中，请敞开心扉。大胆一点，再给爱一次机会。用好自我关怀和安住当下这两种工具，你就能处于让人际关系茁壮发展的不败之地。

确立当日目标

我不允许我的心门永远紧闭。当准备好时，我要再次向对的人或事敞开心扉。

8月12日

听其言，观其行

在你判断一个人是否能成为值得信赖且关爱他人的朋友或伴侣时，留心对方是如何对待他人的。人们可能用各种方法夸赞自己，让自己给别人留下积极的印象，比如他们是多么富有灵性。然而，对待餐厅服务员、同事、孩子或残疾人的方式，才是他们最终会如何对待你的真实指标。

留心某人在认为无人观察或者不会因善举而得到任何好处的情况下能为他人考虑多少。他们是否会耐心等待一位推着助步器的年长女士慢慢走过人行横道？是否会开着电梯门等赶电梯的人进来？是否会为保护地球环境出力？这些，都是揭露一个人真实面目的重要信号。

确立当日目标

我要看清一个人的整体面貌，而不是将对方理想化。我要留心对方是否能做到言行一致。

8月13日

寻找朋友

你或许已经对独来独往和被人误解习以为常，主动与人交际似乎很难。但是，寻找志同道合之人，需要你迈出勇敢的一步。

感情上的支持会给你安全感，让你无惧批评地成长。寻找一位可以倾诉的高敏感人士朋友，不失为一个好的开始。这样一来，你就不会觉得孤单了。这个人与你心心相印，你也无须为自己的敏感之心多做解释。

那么，该如何寻找朋友呢？你可以在你的生活圈子里或工作中寻找其他敏感的人，然后，问问对方有没有读过关于内向或高敏感人士的文章，以这种方式找到话题。在聚会上，高敏感人士很容易被人认出。他们常常一个人待在角落里，或总是和同一个人聊天。即使觉得难为情，也还是过去说声"你好"吧。

另外，我也鼓励你与附近或网上的高敏感人士支持小组取得联系，比如，我就在脸书上创建了一个叫作"欧洛芙博士高敏感人士支持社群"的小组。高敏感人士朋友非常宝贵，请经常与他们沟通，从相互支持的力量中获得正能量。

确立当日目标

我要珍惜我的高敏感人士朋友，即使羞于主动接触，我也要抱着开放的心态去寻找新的朋友。

8月14日

寻求帮助

你是否担心寻求帮助会给别人带来负担？你是否更适应给予而非接受？在这两种能力间找到平衡，会让你受益匪浅。

小时候，我们中的很多人都会在寻求帮助时感到不安。这是为什么呢？或许是你不愿给父母增加压力，或许是你认为自己的需求无足轻重。但现在，试着走出你的舒适区，允许充满爱心的人对你有所付出。让邻居帮你在市场上买些水果。让你的儿子给玫瑰花浇浇水。在悲伤时，向你的伴侣索取感情上的支持。接受也意味着吸收来自大自然和更高能量的精华。一旦习惯，你便能享受到其中的乐趣。

找到你寻求支持的意愿，就等于找到了自己的力量所在。否则，当你的基本需求得不到满足时，你很可能筋疲力尽、焦虑不安，或者觉得自己像个受气包。

确立当日目标

即使不情愿，我也要练习寻求帮助。我要允许自己接受别人的给予。我希望拥有均衡而完整的人际关系。

8月15日

在气恼时停一停

心浮气躁或不堪重负时,你或许会失去平静、反应过激,或是不经思索便说出事后令你后悔的话来。这时,你的神经系统处于非常敏感的状态。对你而言,来自别人的愤怒或沮丧是一种猝不及防、令人心烦意乱的干扰,它让你愤怒,耗损你的精力。

在遇到重重压力,尤其是感到焦虑的时候,停下来是很重要的。要想缓解肾上腺素带来的兴奋,就暂停一下,找回平静。这意味着在镇静下来之前不要打电话、聊天或发送电子邮件和短信。你或许需要用一种不带感情的语气说:"让我考虑一下,我会给你回复的。"或是让自己离场,换一个地方待一会儿,比如你的办公室或另一个房间。减少刺激也会让你重新振作起来,你可以调暗灯光、聆听舒缓的音乐或是冥想。如果在冲突四周设置一些空间,就能防止你将他人的痛苦吸收到自己体内。另外,这些空间也能让你重新整理自己,用最好的样子来回应冲突。

确立当日目标

我要在愤怒时从 1 数到 10。我不会冲动行事,也不会说任何可能让自己后悔的话。

8月16日

不要在感情中失去自我

你是否会深陷于伴侣的问题或生活之中却忽视了自己？你是否会屈服于他们的需求？你是否会因为在这种关系中投入了太多时间而疏远你的朋友？

这些都是恋爱中的高敏感人士常犯的错误。你想关爱他人，却有可能失去自己的独立性和平衡感。你想得到温馨的陪伴和心爱的恋人，却牺牲了太多的自我。这会损耗你的精力，到了一定的时候，你或许会出现被困、不安或是走投无路的感觉。

在对伴侣付出的同时，也要注意满足自己的需求。记录你是如何在朋友、自我、工作以及伴侣之间找到平衡的。这需要你与伴侣长期以正念相处并进行高质量的沟通，但由此带来的结果却能给你带来十足的满足感。当你们两人的需求都得到满足时，你便可以在一段充满关爱的关系中成为强大的自己。

> **确立当日目标**
>
> 我要在恋爱关系中守住我的身份和力量。一旦发现失去了自我，我就要重整旗鼓，找到头脑的清醒与心灵的平静。

疗愈害怕被抛弃的恐惧

如果你来自一个不重视你的家庭，曾经被家人忽视、虐待，早年丧亲，或者拥有极度自恋的双亲，那么你在小时候就可能感受过被人抛弃的滋味。这种令人痛苦的恐惧或许会深深扎根，影响你成年后的恋情。更糟糕的情况是，为了避免重新激活这种感受，你或许会长期待在施虐的伴侣或朋友身边。

诚实地问问自己："我是否惧怕被人抛弃？如果是，哪些情况会触发这种恐惧？"问问自己："这种恐惧在我的生活中是如何体现的？"例如，在你重新回到单身状态、离开工作岗位或是与家人划清界限时，恐惧感是否会油然而生？对于男友忘记打电话或是朋友在最后一刻取消计划之类的与抛弃相关的情况，你是否会勃然大怒？

下一步是扭转恐惧。想一想："如果没有恐惧，我的生活会是什么样的？"想象一下，你会在人际关系中体验到怎样的平和与轻松。你也可以通过寻求帮助来消除恐惧。遇到令人焦虑甚至极度恐惧的情况时，如果心理上的洞察力不足以给你慰藉，那就诉诸内心，让勇气给你扭转观念的力量和勇气。

确立当日目标

我要留心自己对被抛弃的恐惧，并稳扎稳打地进行疗愈。这种恐惧一旦被触发，我就会立刻让自己平静下来并寻求帮助，而不是惊慌失措。

8月18日

被爱庇护

在感到恐惧、孤独或是得不到你需要的支持时,请重复下面这段话来重拾信心:

> 我不是一个人。
> 我是被庇护的。
> 一股爱的力量环绕着我。
> 当心灵痛楚时,
> 我要寻求内心的帮助。
> 当恐惧感袭来时,
> 我要向无处不在的慈悲的神圣力量敞开心门。
> 我被爱的双臂紧拥。
> 一切都很好。

确立当日目标

我能应对任何情绪。我比我的恐惧更强大。我与护佑着我的无所不在的爱的力量相连。

8月19日

晨间冥想

以一段简短的晨间冥想开启一天，这是一种让人安住当下的练习。清晨醒来，我会直奔我的"神圣空间"，在那里进行大约 5 分钟的冥想。这有助于我走出睡眠状态，慢慢适应现实世界中的各种冒险。我会静静坐着，放缓呼吸，专注于我的内心。我会感谢我的生命，也会感谢我有机会在新的一天继续学习和成长。

在接下来的一周里，试着每天早晨进行冥想。时间可以很短，5~10 分钟就足够了。这是一次从"心"开始的机会，你不会再从床上一跃而起，然后立刻被待办事项和随之而来的焦虑感淹没。在冥想之后再开始安排工作也不迟。冥想能够让你以真正安于当下的心境迎接这一天。

确立当日目标

今天，我要在醒来之后立即冥想。我要以乐观和平静的心态开始这一天。我要细心观察这种做法会如何在这一天里滋养我的身心。

8月20日

不要喂养恐惧

表现得勇敢还是恐惧，是一种选择。走在修养灵性的道路上，努力学习，每天都变得更加清醒，这并不意味着你可以免受恐惧之苦。但是，用勇气还是胆怯来应对这种情绪，却是一个人人都能做出的选择。我曾在生命中多次感到恐惧，但还是调动起内心的信念，继续前进。自由来自勇敢的选择。下定决心坚强起来，走出恐惧，是对勇气的一种试炼。当恐惧这种原始的情绪削弱了你的情商和直觉时，你要做的，就是调动起比它更强大的积极力量，重新整理心情。

深呼吸几次，平静心情，让恐惧消散。闭上双眼，重复这句口诀："恐惧不是我的全部，我比我的恐惧更强大。"然后，感受自己灵魂的扩展，感受你的力量回归体内。你的境遇或许艰险重重，但此时的你已更有信心去克服恐惧，实现自己的目标。

切罗基族流传着一则古老的故事：你的心中总有两头狼在搏斗，一头卑鄙刻薄，另一头仁慈友善，哪一头会赢呢？答案是，你喂养的那一只。切记：恐惧只有在你"喂养"它时才会变得强大。

确立当日目标

我的恐惧或许很强烈，但我不会"喂养"它。恐惧是我必须掌控的生活的一部分，我不会允许它阻挡我实现梦想。

休息一下

今天，腾出一些时间放松一下吧。做什么都可以，就是别把注意力放在工作和义务上。深呼吸，去游泳，散散步。按下暂停键，让你的思想自由翱翔。想象一片开放的空间，里面什么也没有，没有担心，没有顾虑，你浑身轻松，无忧无虑。你的时间专属于自己！没有非要说话的人，没有非要制定的决策，除了放松，你什么都不用做。在休息时，请深深地呼吸，感受紧张感从你的双肩和后背释放出去。动动你的脚趾，把双臂举向天空，伸个懒腰，释放压力，绽放微笑。感受活力和乐观回到你的体内。

确立当日目标

无论制订了什么计划，我都要休息一下，让自己恢复活力。养成习惯后，这种做法就能帮我缓解压力，我就不必再置身"高压锅"之中了。

8月22日

超越时间

我们的现实世界是用空间和时间来衡量的。每一天,实施严谨的时间管理都能帮助你保护自己的敏感,提高生活质量,并给你留出喘息的空间。

记住,我们的意识中还存在着与分钟、小时或年份无关的领域,这会让你受益匪浅。这些领域超越时间,无拘无束,你的直觉和精神可以在其中畅游。冥想、沉浸于大自然或创意作品中,以及沐浴时的神游或沉浸于白日梦中,都可以让你进入这个领域。与进入心流状态的艺术家一样,你会全心全意地投入你正在做的事情,以至于完全感觉不到时间的流逝。臣服于当下,是一种超越时间的体验。

确立当日目标

我要暂时忘记时间。我要让我的想象力漫游到超越时间、激发创造力的领域。我要摆脱束缚,自由自在。

8月23日

觉醒时刻

觉醒指的是从内心生发出对事物更清晰的洞察的过程，你能在其中体验到更深刻的内在平静。今天，请特别留心你的直觉，以最为开明、和谐并富有同理心的自己来感知世界。觉醒的感觉可能突然闪现：这个瞬间或许让你豁然开朗，或许让你在刹那间感受到无条件的爱，或许让你觉得心胸开阔，抑或给你带来美妙的欣悦。你也许会感到与全人类合而为一，不再有割裂或分离。无论是转瞬即逝的感觉还是更持久的内在洞察，都请用心珍惜。练习自我肯定，向你那神圣的觉醒之途的显现表达感恩：

> 我已觉醒。
> 我能感知。
> 我的心门是敞开的。
> 我能感受到来自宇宙的光与慈爱。
> 我要张开双臂拥抱喜乐。
> 我要给自己快乐的权利。
> 我见。
> 我知。
> 我爱。

确立当日目标

今天，我要见证我自己和世上众生的光芒。能让我的意识向着万物合一和伟大之爱觉醒，我心怀感恩。

8月24日

直面情绪

在面对未经解决的情感问题或亲密关系带来的不可避免的挑战时，你的逃避是一种防御机制，用来逃避因太过痛苦而让人不愿面对的创伤或冲突。但事实是，若不经历心痛，你就无法疗愈心痛。若不表达愤怒的原因，你就无法释放愤怒。你不能把恐惧压在心间还妄想得到安宁。

和消融防御心一样，请带着理解之心来面对这个问题——没有人能时刻快乐，我们都有阴暗的一面。如果逃避自己的阴暗面，你就可能变得麻木不仁，给人以矫揉造作的印象。

诚实地找出任何你可能正在逃避的问题。是你对配偶或父母的不满吗？是对被抛弃或自卑感的恐惧吗？然后，带着同情和理解，将难以面对的情感慢慢记下来，它们被掩藏在你的微笑之下，或被包裹在你那"一切都好"的虚假人格之中。作为人类，我们都是有着光明面和黑暗面的复合体。探索这些微妙之处，能让你变得更加有趣、完整，有能力更好地体验亲密关系。

确立当日目标

踏上内在之旅，意味着既要认清自己的积极情绪，也要识破自己难以面对的情感。我要留心，不要逃避任何需要疗愈的情绪。我要勇敢起来，直面情绪。

隐藏的力量之源

当你感到身心俱疲，已无法再多处理哪怕一个问题时，当你太过悲伤，找不到希望时，当你心灰意冷，无法再爱时，当你任由恐惧感占据内心时，请不要做任何事，让一切随风。允许自己呼吸、哭泣、安眠，躲进被子里或是独自一人。蜷缩在你内心深处那安适的洞穴中，在你做好准备之前，没有人能找到你。

在这种全然放松的状态下，火花会重新点燃。放松身心，不要试图变得高效或完美，这样，你便可以回归自我。你的力量会越来越强。向内心深处寻求庇护，那里是你隐藏的力量之源。这源泉一直在你心中，也是供你退隐和自我更新的场所。

确立当日目标

我的避风港就在我心中。我要去那里挖掘内心的力量与悲悯之泉，重振精神。

8月26日

刺激多巴胺分泌

多巴胺是一种与快乐相关的神经递质。研究表明，性格内向的人不需要太多多巴胺就能感到快乐，因此他们不需要像外向的人那样通过参加热闹的大型活动刺激多巴胺分泌。这也有助于解释为何高敏感人士往往在独处或参加小型聚会时最快乐，而对外向的人来说，只有在滚石乐队演唱会或繁忙拥挤的餐厅等场合，他们的多巴胺才会飙升，由此带来的身心愉悦会让他们活力十足。虽然一些高敏感人士也是热爱社交的外向者，但在社交之后，他们需要通过独处和安静的活动来降低刺激，从而为自己补充能量。

今天，刺激你的多巴胺分泌。安排一些独处的时间，如果喜欢的话，你也可以约一位朋友在林间散步。如果更大规模的社交能够满足你的多巴胺需求，也尽管参加。一旦明白什么事最能让你感到快乐和舒适，快乐便会通过各种途径到来，而你则可以按需调整。

确立当日目标

我要留心自己需要哪种能够刺激多巴胺分泌的活动。我要寻找能够让我感到愉快的社交，而不是牺牲自己去满足他人的需求。

敏感之心是一笔财富

你的敏感之心是一笔巨大的财富。它能让你感受到别人的情绪，让你对对方抱有更多的同情。你可以从"我"的视角转换到"我们"的视角，因为敏感之心能够让你看到，我们来自同一个人类大家族，拥有诸多共通之处。如果所有人都能用敏感之心彼此相待，我们的生活和世界就会得到疗愈。

今天，试着用敏感之心对待你遇到的每一个人，不仅限于你喜欢或熟悉的人。即便遇到在杂货店被人插队这样令人讨厌的事，也要试着去体会驱动对方有此行为的压力或恐惧。你的理解虽然并不能为对方的行为开脱——他们的粗暴无礼是显而易见的，但还是要努力往深处挖掘。这是一项关于同情心的修炼，让我们对人性以及驱动我们的情感力量有更深的了解。

> **确立当日目标**
>
> 我要带着敏感之心来审视每一个人。即使我不喜欢对方，也要试着去理解他们做事的动机。

8月28日

展露真实的自我

　　作为一个敏感的人,你每天都会感受到许多难以理清的情绪。如果担心没有人理解你,你可能会试图忽略或压抑自己的感情。你也许会担心自己在配偶或朋友面前"感情过于强烈",因此觉得应该压制自己的反应。多年来我一直有此顾虑,所以无法时刻在亲密关系中展露真实的自我。

　　诚实面对情感意味着你要接受和尊重自己的真实感受。从自己开始,问问自己:"我今天感受到的五种最主要的情绪是什么?是愉悦、害怕、快乐、焦虑还是恐慌?"无论你有什么感觉都没有关系,拥有强烈的情感并不是什么可耻的事。你有一颗开放的心,你自由自在,不像别人那样戒备森严。

　　承认你的情绪,而不是压抑。你可以大哭、大笑或是捶打枕头。如果你的伴侣或朋友能为你撑起一片爱的空间,那就向他们表达自己的感受,让情感的表达成为你生活中不可或缺的一部分。

确立当日目标

我承认,我对事物抱有强烈的情感。我要坦诚地面对自己的情感,并与支持我的人分享。

8月29日

太阳的恩泽

在许多古老的疗愈传统中,太阳都代表着生命力、勇气和力量。太阳被奉为一种灵性的体现,甚至被埃及人看作神灵。作为道教修行的一部分,我将我的冥想台设在一间屋子的东墙,以汲取初升太阳的能量,每天早晨,随着阳光和我们体内的光明逐渐亮起,新的开端也如约而至。

大自然的一切都受太阳的驱动,包括我们的身体。没有太阳就没有食物。阳光也是被称为"阳光维生素"的维生素 D 的重要合成条件。比起强化食物或保健品中的维生素 D,天然的维生素 D 能更有效地被你的身体利用。每天晒 5~15 分钟太阳就能满足你的一日所需,还能避免暴晒带来的潜在健康危害。太阳还能提供清洁能源,对我们的身体健康、空气质量、气候以及地球生态都有益处。

在这个夏日,请特意向离我们最近的恒星表达感谢——感谢它提供的能量和光照,也感谢它让人类和我们的星球得以存续。欣赏黎明或黄昏的光辉,感激阳光赋予万物生命。

> **确立当日目标**
>
> 我感激太阳的恩泽。我要留意它的疗愈之力是如何影响我的思想、身体、精神以及整个地球的。

8月30日

成长的乐趣

作为一个成年人，我们的乐趣是很多的。你已经在世界上生活了多年，对你的人际关系、工作以及其他选择变得更有洞察力，更加通情达理。你已经积累了一些智慧，这让你作为高敏感人士面对世界时更加游刃有余。你渐渐习惯了自己的天赋，也更能接受它们，同时也敢于面对自己。你更加了解自己的需求，也越发明白如何表达。你仍然能够滋养你那调皮的内在小孩，但你已不再允许内心那个"小霸王"在你的生活或人际关系中搞破坏了。

成长不一定非得死气沉沉、充满压力，也不是只有责任而毫无乐趣。你不必陷于不适合自己的生活方式。成长意味着有空间去选择你是谁，这一点，是那些囿于"永远不想长大"的彼得·潘人格的成年人绝对做不到的。你在不断更新，不断变化，敏感之心和同情心也越来越强。

> **确立当日目标**
>
> 我要感恩我智慧和成熟的一面。我要感谢这些年获得的自我认知和成长的机遇，也感谢它们给予我的爱。

8月31日

感受自由

自由自在的感觉对你而言意味着什么？做真实的自己？暂时对电话和邮件置之不理？拥有足够的资金宽裕度日？沉浸在艺术之中？到神圣之地参观？在山里徒步旅行？享受长时间冥想带来的静谧？还是说，你更热爱在无人打扰时泡一个热水澡的自由？追随你的天赐之福，成为最好的自己。

在夏天和一整年的时间里，你都可以让感受自由成为日常思维习惯的一部分。这不是偶尔为之的事。将你的思想从恐惧的牢笼中解放出来，这对于拓展你轻盈自由的人生至关重要。正如我在前文中所强调的，利用呼吸，将你的觉知拓展到更宏大的自我之中：

> 将平静感吸入。
> 将恐惧、忧虑以及任何匮乏的理念呼出。
> 将宁静吸入。
> 将对自己的老旧看法呼出。
> 将宏大和一切皆有可能的感觉吸入。
> 将任何压抑或局限的感觉呼出。

每天都用这种方法呼吸几分钟，激发你体内的自由感。

确立当日目标

我要专注于自由的感觉，并投身于对我的幸福有益的活动中。我要居于最宏大、最广阔的自我之中。

九月

拥抱变化,
感恩自己的进步

9月1日

拥抱变化

生活中的一切都在不断变化，这既激动人心，又稍稍有些令人不安：我们的生活在变，身体在变，情感在变，四季也在更迭。在夏季的最后几周，我们进入了一个过渡时期。对许多人而言，秋天的到来意味着重新回到工作和学习之中，也意味着加快步伐，更加繁忙，你从光照充足的夏日的开阔视野"换挡"，将注意力集中于工作、成就和愿景上。

默想夏天赐予你的礼物以及秋天带来的希望，留心时间的推移以及地球不断变化的气氛和色彩。随着地轴一端越来越偏离太阳，这一半球的白昼变得越来越短。对你今年迄今为止的成长做一个评估，迎接尚未到来的变化，对敏感之旅的下一篇章抱有美好的希望。

确立当日目标

我承认，生活中唯一不变的就是变化。我要留心一年中的过渡时期，也要充满觉知和自在地从一个季节"换挡"至另一个季节。

9月2日

旁观者清

找到中立状态有助于你在遇到冲突时保持心态平稳,这能够改写大脑回路,让你更加镇定地面对生活。不要深陷于某种难以应对的情绪或处境中,你可以后退几步,把自己当作旁观者,与情境拉开距离。比如母亲批评了你或伴侣辜负了你,观想自己在旁观这件事,而不是被你体验到的情绪吞噬。通过这个更加宽广的视角,你能更好地摆脱恐惧、焦虑、愤怒或其他具体问题。

当你发现自己开始紧张或不安时,告诉自己:"我没有这种情绪。我可以带着爱,以旁观者的身份见证我的情绪和不知所措的状态。"只要明白没有情绪可以定义你,你就能自由扭转思维模式,与内在的智慧连接。

确立当日目标

我可以选择如何面对我的情绪。在沮丧或伤心的时候,我要以旁观者的视角见证我的情绪,而不是一被激怒就不假思索地做出反应。

9月3日

不多管闲事

为了解决他人的问题或缓解他人的痛苦，我的许多有高敏感特质的患者损耗了大量生命力。因此，要想最大限度地发挥你的能量，请将注意力放在自己身上，而不是过多插手别人的事。虽然你有一颗慷慨善良之心，对别人经历的情感煎熬抱有同情，但自我关怀仍然要求你明智地分配自己的能量。因此，请善待自己，合理利用你的能量。

有这样一种我觉得挺有意思的说法："世界上有这么三种事：我的事，你的事，还有'不关我的事'。"（当然还有"多管闲事"！）请不断探索这三者之间的区别。如果有顾虑，那么在你弄清正确的做法之前按兵不动才是上策。同时，要意识到每个人都有自己的人生之路，你只需尽己所能，让他们走自己的路即可。

确立当日目标

我不做多事之人。我要将注意力放在自己身上，在适当的时候出手相助，而不是总为别人的事犯愁。

9月4日

学会求助

你是否觉得，如果你不亲力亲为，事情就不能准确无误地完成？你是否害怕向别人求助或放弃控制权？你是否总是因忙于应付问题而筋疲力尽？

所有优秀的领导者都明白分配任务的重要性，这能让你免于微观管理或过于操心，给他人发光发亮的空间。为了避免倦怠，请想一想该如何有效地转交你的任务。如果你之前从没这样做过，那就从较小的职责开始，以减轻你对移交控制权的焦虑。比如：把你的车开到洗车行，不要自己洗；让你的另一半把洗碗机装好；如果条件允许，就雇人来打扫你的家；寻求专业收纳师的帮助；让朋友开车接你，而不要总当接人的一方。

一旦习惯了，你就可以处理更大的问题了。让同事完成项目中各自负责的部分，而不是由你来收拾烂摊子。如果你身体不舒服，就向朋友寻求帮助。即使他们处理任务的方式与你不同或更加费时，你也要全心全意地感谢他们的帮助。

转交任务是一种为你减轻负担的方法，它不仅减少了你的任务，也缓解了你因这个世界的低效和困境而背负的沉重责任感。

确立当日目标

为了创造一种更加均衡的生活，我要练习将一些任务转变给其他人。我要允许他人给予我帮助。

9月5日

有错就改

　　人人都会犯错，人无完人。有的人会竭尽全力拿出最好的表现，结果却事与愿违。还有的人或许在某件事上未能全力以赴，由此引发纰漏。

　　在处理他人的失误时，要具体情况具体分析，以此决定如何做出正确的反应。我的老师告诉我，在别人犯错的时候，要予以鼓励而不是严加指责。斥责或贬低别人很可能让对方感到羞愧难当，或是打不起精神去满足你的要求。如果你真的想找到补救方法，那就善待和配合对方，让对方满足你的需求。集中精力找出解决方案，而不是心怀怨恨。当某人勇于为失误承担责任并希望改正时，你会对此人的性格有更好的认识。但是，如果对方一味找借口，充满敌意和戒心，或是对错误不屑一顾，那么你可能就要降低你的期望值，或者干脆不要再与这种人打交道了。

　　如果犯错的是你，那就用行动补救，但请始终对自己抱有同情，从更广泛的意义上说，你对待自己的态度要比你犯的错误更加重要。若是将错误看成精神上的经验教训，你就有机会变得更加慷慨宽容，在同情心的培养上也能更进一步。

确立当日目标

如果犯了错误，我会对自己宽容一些，也会给他人纠正错误的机会。

6月9日

有效沟通

成功、有效的沟通是以互相尊重为基础的。请经常对他人表达感激和赞赏，尤其是对你爱的人。要看到他们做对了什么，而不是做错了什么。看到别人身上的优点，能够促使对方展现出最好的一面。一味指出对方的缺点或应该改进的地方，只会让对方感到被贬低。带着感激接受他人本来的样子，看到他们为你的生活增添的色彩，这样一来，你才更有底气提出那些难以启齿的问题。

在谈及矛盾冲突时，请以"我"为主语，并附加一个解决方案。比如，伴侣或朋友可能说："你因为太忙而忽视我的时候，我感到很受伤。让我们腾出一些时间，好好相处吧。"把这句话与用指责语气说出的"你这样对我太不体贴了"做一下比较。你会发现，第二种说法会让你的内在小孩感到被忽视，但如果用一种更沉稳、更自信、更注重解决方案的方式进行沟通，你就更可能倾听对方，并满足对方的需求。

确立当日目标

我要向对方表达感激，并在表达感情和需求时以"我"为主语。我不会指责或贬低他人。

坚定而友善

作为一个敏感的人，你或许会对导致你恼怒的行为做出激烈的反应。不计前嫌并不容易，因为之前残余的不悦会在你的心中挥之不去。但是，有意识地区分哪些问题需要你坚持己见，哪些可以让步，也是一种自我关怀的智慧。

不要随便起冲突。问问自己："因为这件事和我的伴侣或同事争执值得吗？我能得到什么？又将失去什么？"在亲密关系中，能够触发负面情绪的潜在问题每天都有可能出现，问问自己："哪个问题才是最需要解决的？哪个问题能让我有最大的收益？"你或许会发现，将冲突记录下来很有帮助。另外，一次只谈一个问题，不要将所有问题都在同一次交谈中和盘托出，这样的沟通更有效。从较小的问题开始，之后再逐步处理那些较大的问题。不要一下列举一长串需求让对方喘不过气，在捍卫自己的立场时，要做到坚定而友善。

确立当日目标

我不会随便与别人起冲突，也要意识到我不能一次解决所有问题。我不会一次性给出过多信息或是在一次交谈中涉及多个问题，以免让对方招架不住。

6月8日

评估你的工作

你值得拥有一份让自己满足的工作。你每天花在工作上的时间至少有 8 小时，因此，工作会极大地影响你的心态与能量。作为一个敏感的人，你或许比别人更容易受到压力的影响，因此，如果工作让你疲劳，想要健康就会更难。

在契合你需求的对的环境中，你会得到良好的发展。与公司相比，高敏感人士往往更喜欢在家办公。创意艺术或许是你擅长的领域，比如写作、表演、电影或设计。此外，只要学会保护自己，你也可以在心理学、护理、医学或教育等服务性行业中如鱼得水。

今天，请对你的工作情况做一下评估，把积极和消极因素分别记下来。想一想该如何对工作的某些方面进行改进或彻底重塑，以此提高你的创造力。或者，你也可以构想一份更让人满足的工作。虽然医疗保险和退休金都是重要的考虑因素，但困在一份你不喜欢的工作中对身心没有什么好处。如果决心留下，你依然能够决定自己的态度，尽可能地营造出最积极的环境；如果你正在考虑离职，那就开始头脑风暴，考虑实现这一目标所需的步骤。

确立当日目标

我要探索如何在现有的工作环境中健康发展，或是找一份更适合我的工作。为改变做计划，永远都不晚。

9月9日

不做"工作狂"

你会不分昼夜地工作，一旦闲下来就焦虑不安吗？你是否会用职场上的头衔来定义自己，把它作为你自尊的基础？如果答案是肯定的，那么你可能是个"工作狂"。

高敏感人士想要把工作做好，让老板和同事开心。对工作充满热情，全力以赴，这的确值得钦佩，但对疲劳或长期的感官超载视而不见，是有害身心的。

任何成瘾都会耗损你的生命力并占用你的时间，对工作成瘾也不例外，它还会对你的身体和情绪造成损害。强迫性地完成工作或许会成为一个借口，让你忽视生活中的其他方面和内心深处的感受。如果总是专注于自己的工作，你就很难拥有亲密关系。

解决问题的方法就是找到平衡。腾出专门用于娱乐和恢复精力的时间，在日程表上标出特定的时间点。合理的时间安排有助于打破工作狂的循环。如果能有规律地使神经系统平静下来，你就能在办公室和其他场合感到更加健康快乐，焕发出全新的活力。

确立当日目标

我不仅属于我的工作。我是一个完整的人，值得享受生活的快乐。

9月10日

对同事设限

你的同事会向你倾诉所有烦心事吗?你是否会为了让他们开心而承担太多或过度给予?高敏感人士是体贴的听众,所以你的同事常常想向你倒苦水就不是怪事了。

尽管你想要付出,但就你的自我关怀而言,为避免精神耗竭而对同事设限是至关重要的。一旦你能够保护自己,你的工作环境就会变得更加安全且更能滋养身心。

允许自己友善地对同事说"不",其中最重要的是你的语气和表达方式。你可以友好地说:"很抱歉,我现在忙得不可开交,没法再接额外的工作了。"你也可以说:"我很愿意倾听,但我只有几分钟时间,因为项目截止时间就要到了。"在这两种情况下,你都是在设置合理的界限。你不必找借口,也不用做冗长的解释,只需简单设限,给予对方一些关爱,然后继续专注于你自己的任务。

确立当日目标

我有权友善而坚决地对同事设限。当对方提出我无法达到的要求时,我便会使用这种必要的技巧。

"呵护泡泡"观想

每当你感到不堪重负、心力交瘁或是从别人那里吸收了压力和消极情绪时，请在令人焦虑的环境里，如工作场合，实践这种观想练习：

安静地坐下，做几个深长的呼吸，放松你的身体和精神。想象自己正坐在一个圆形或椭圆形的透明泡泡中，它与你皮肤的距离在几厘米到 30 厘米之间。你可以看到外面，里面的空间也很宽裕。这个泡泡可以抵挡任何有害或负面的情绪或感觉，同时也允许积极能量进入其中。你随时随地都可以利用这个泡泡。如果你进入了一个更健康的环境或是不再需要泡泡，只需要求它消失就行了。一旦有需求，你也可以随时构想一个新的泡泡。在外部环境让人忍无可忍时，呵护泡泡可以充当你的避风港。

确立当日目标

想要保护自己时，我就会想象出一个把我围在其中的呵护泡泡，把压力或来自他人的多余情绪拦截在外。

9月12日

善用财富

金钱本质上并无优劣之分，关键在于你利用金钱的方法。

财务安全能够带来安稳和舒适，也为你提供了接受优质教育的机会，它让你有能力购买顶级的医保项目和健康食品。知道自己在银行有一道经济上的保障，能够缓解你对无法支付账单的恐惧。另外，财务安全还能为你提供经济支持，让你有能力去拜访远隔万水千山的爱人和亲人。

此外，金钱也是帮助他人和在世界上创造美好的工具。然而，金钱一旦被囤积起来，用于煽动贪婪或者对他人和地球造成伤害，就会造成消极的甚至毁灭性的影响。

因此，你对金钱所抱的态度决定了它的作用。你值得拥有富足带来的益处。如果你的价值观是慷慨大度、从"心"出发，就将这个理念运用在金钱上。如果用得恰当，这种理念就会结下善缘，有助于集体的富足。对自己拥有的财富抱有慷慨的态度，就是一种美好的奉献。但是，请永远不要让财富成为衡量你人生成功与否的决定因素。在欣赏金钱光明的一面的同时，也要接受它包括贪婪在内的黑暗的一面。如果你有正确的态度，金钱可以成为你精神价值的一种表现。

确立当日目标

我值得拥有金钱上的富足。我要善用财富，以此作为我内心价值的一种表现。

多行善举

善有善报，慷慨之举是一种传播富足的方式。将你收入的一小部分（无论多少）捐给慈善机构和有意义的事业，是一种资金流动的积极方式。

你希望财富能以积极的方式流动。但是，一些富人很吝啬，很少向别人捐款，这会让他们的生命之流受阻。这样的悭吝，或许源于无论多么富有都挥之不去的对匮乏的恐惧、低自尊、贪婪或无力感。这些人一心想要积累更多财富，却没有意识到，内心的情感匮乏永远无法被财富或购买的物品填满。

慷慨意味着发自内心地给予。慷慨能创造快乐，让你去帮助那些没有你幸运的人，为地球的福祉做出贡献。给予的感觉很好，我尤其喜欢匿名送出礼物。有时候，我会在卫生间或候诊室这样的地方留下 1~5 美元不等的一小笔钱，有人发现这笔钱时，就会觉得自己交了好运。你也可以试试这么做。把爱心传递下去，这种做法很有感染力。如果你起了头，别人也会把这善举继续下去。

确立当日目标

我要在自己的能力范围内为一项有意义的事业捐款，或是用其他我喜欢的方式进行给予。我要享受这一举动产生的正能量。

9月14日

感恩自己的进步

如果成功源于内在，你由此获得的外在成就便会带来更多快乐。如果你对自己感觉很糟，那么你在工作或其他领域获得的任何成就都无法满足你。因此，要专心做一个好人，以一种能让你喜欢自己的方式来生活。这并不意味着你要事事做到完美，只要你正走在自我疗愈的道路上并看重正直诚信，你就是在朝着积极的方向前进。逐渐把自己从恐惧中解放出来，这能让成功给你带来更大的满足感。

随着我们离收获的季节越来越近，回想一下你今年获得的内在和外在的成就。或许你在工作中变得更有创意，或许你拓展了业务，抑或找到了一个更适合你敏感性情的工作环境。或许你已经学会了在日常生活中多给自己一些同情。感恩你的进步，张开双臂和心灵，迎接源源不断的富足。

确立当日目标

我要认识到努力带来的奖励。我要对自己在方方面面取得的成功心怀感激。

一切从简

有些敏感的人会选择"向下移动",而不是花费几十年的时间攀爬竞争激烈而条件严苛的所谓"成功"之梯。他们不需要豪宅、豪车或充满异国情调的假期,也不需要这些奢侈品可能带来的负债。相反,他们会选择较小的居住空间,力求减少开支,靠较低的收入过简单的生活。

不那么奢侈的生活方式,或许是一个值得考虑的选择,你在任何年龄或任何时间都可以做出这种选择。当今的一些人甚至存在一种向"游牧民族"发展的趋势,这些人的办公室或许就安置在房车里,以便在不同地点之间自由移动。

我们不必遵从那种推崇高压力、高花销生活的社会规范。在开创有益自己敏感性情的全新生活方式方面,高敏感人士可谓先驱。你可以让自己摆脱社会期望的压力,开拓自己的路线,探索最适合自己的生活方式。

> **确立当日目标**
>
> 我拒绝被困在追逐成功的"仓鼠轮"中。我有能力过上更简单、更充实的生活!

9月16日

寻找正能量

有些人的乐观积极很有感染力，他们的能量甚至可以转移到你身上。你可以从他们的观点、举止以及散发的正能量中学到许多。每当想要培养或提升诸如划定合理界限这样的技能时，我都会花时间和擅长这项技能的人相处，他们会成为我的榜样。我会观察他们，感受他们。我也会将他们的行为举止和精神面貌铭记在心，以便为己所用。

找到一个或多个拥有创造力或激情等你欣赏的品质的人，让他们点燃你的热情。你也可以通过拜访一个令人兴奋的地点或圣地来提振情绪，比如英国的巨石阵或法国卢尔德的治愈之泉。这些地方的积极能量会感染你，尽情吸收吧。我的一位患者会去天文台仰望星空，另一位患者会步行到山谷中的丘马什遗址，加深她与地球之间的联结，还有些患者则会在海边或大教堂中冥想，以与自己的灵魂取得更紧密的联系。选择一个能够滋养你灵魂的地方，尽情吸收那里所有的正能量吧。

确立当日目标

我会寻找积极的人和地点，享受那鼓舞人心的能量带给我的激励。

勇敢攀登险峰

如果生命是一段向上攀爬的旅程，要想优雅地攀登，经受最少的痛苦，最好的方法就是不要过度思考这个问题。如果你纠结于某个问题或是点燃了恐惧的火焰，你的旅程就会充满艰难险阻。我的老师告诉我，如果你总是想着明天，登山就会变得艰难许多。

在你的生活中，不得不爬的山峰必定会出现，但你的态度可以缓解你的痛苦。告诉自己："我了解这些山峰，我曾经爬过这些山峰。我不会因陷于困境而让旅途变得更糟。"保持缓慢呼吸，专注于你所在的地方，而不是那遥远的山巅。寻找岩间和碎石间生长的娇嫩小花，放声或在内心吟唱一首你喜爱的歌曲。山羊爬到山顶的过程虽然缓慢，却是一步一个脚印走出来的。在攀登险峰的时候，学习山羊的斗志、沉着以及耐心。

确立当日目标

我要以豁达的态度面对逆境，而不是一味焦灼忧虑。我不能深陷于对未来的恐惧之中，那只会使压力重重的局势变得更糟。

9月18日

抚平焦虑

缓解焦虑的秘诀在于避免其能量的积聚。一旦这种情绪发作，就要有意识地呼吸。做几次深缓的呼吸，排出紧张情绪，以防它在你的体内滞留。然后，练习积极正面的自我对话，告诉自己："这只是暂时的。我会找到最好的处理方法。一切都会好起来的。"不要让内心恐慌的声音妨碍你带着关爱安慰自己。

接下来，从你的感情中抽离。发现自己变得焦虑的时候，请把手放在心脏的位置，告诉自己："我要稳定情绪，带着爱意摆脱这种不知所措的状态。这一切都会过去的。"让注意力回到内心，这能让你放松下来，并给你一个更有建设性的视角。

确立当日目标

我有力量控制我的焦虑。我要用呼吸和思维让心平静下来。

做出智慧的选择

　　最为明智的选择是各种智慧的结合，既包括直觉，也包括理性。有的时候，你可以请求专家对某种情况的利弊给出建议或进行理性分析，这能让你对正负两面有一个很好的把握，以便做出正确的选择。

　　然而，在有些情况下，单凭逻辑是不够的。如果你已经在一个问题上纠结多时，但还是无法认同某个决策，那么你要做的，就是聆听内心的声音，它将引导你更深入地理解自己的立场。这份工作是否让你有对的感觉？这段恋情是否合适？这套疗法是最适合你身体的吗？不要想太多，要留心有什么样的直觉或灵感在心头闪现。这或许会表现为你的鸡皮疙瘩，或许是一种身体上的觉知，抑或是一种茅塞顿开的感觉。当你抱着谦卑、耐心而真诚的态度时，答案便会出现。按照自己喜好的频率重复以下这段自我肯定的话语，以增强对自己的选择的信心：

　　　　我是个坚强而有力量的人。
　　　　我要尊重我的直觉，也要聆听我的理性。
　　　　我要将不同种类的智慧结合起来，为我的身心做出正确的选择。

确立当日目标

我要做出顺应直觉的明智选择，我不会因为焦虑或急躁而草率决定。

9月20日

放下悔恨

生活会给我们许多经验教训。回头看去，你或许会对自己或他人的行为或某条未选择的道路心怀遗憾。作为高敏感人士，分手、失业、背叛以及错过机遇都令我们难以面对。尽管如此，也不要因为这些而责备自己，更不要对爱失去信心或逃避这个世界。

在日记中找找你有哪些遗憾。是没有追求你的初恋，还是因为不够自信而拒绝了梦寐以求的工作？抑或因为害怕遭到拒绝而不敢与他人划清界限？认清这些遗憾，可以让你更好地洞察如何在当下以合适的方式处理类似的问题。

遗憾是自然的，但如果耿耿于怀，你就会被折磨得萎靡不振。对自己和他人都仁慈一点儿。原谅自己或他人的缺点，在可能的时候尽力弥补。把错失的机会视为成长的动力，接受当下赋予你的礼物。你不是个受害者，相反，你是一个一路不断学习和成长的可爱的人。

确立当日目标

我不会抓住悔恨不放。我要从中汲取经验，在当下创造更令我满意的机遇和人际关系。

知止

战士会等待合适的时机采取行动，而不是匆忙投入战争。他们不会强行催生某个结果。讲述变化之哲学的《易经》中有一个静止如山的艮卦，传授了不动的智慧。在人生的某些阶段，最明智的选择就是停下来等待。无论你有多想追求某个目标，向前迈进的时机都还未到。事实上，强行推进反而是浪费时间，你应该不动如山，为目标或决策按下暂停键。这不是懒惰。知道何时该动，何时该静，这是伟大的智慧。

在静下来的同时，请积蓄你的力量，看看会有什么自然而然地发生。我的道家老师说："那些自动出现的机遇，可能比你主动追求的机遇更有力量。"当然，如果什么也没有发生，也要安心面对。一旦时来运转，你就可以带着焕然一新的生机和正直之心继续踏上征途。

确立当日目标

当生活不再一帆风顺时，我要如山一般静止不动。我要相信自己，静心等待。

秋季

收获，改变，释放

秋季是收获工作和生活中的成果的时节。这是一个改变和释放的时期，它的象征符号，便是在这种季节剧变中安稳不动的土元素。

秋季赠予我们一份来自树木的特殊礼物：色彩不断变换的华美的树叶。火红、赤橘或金黄的树叶为各地赋予神奇的色彩，对高敏感人士而言，这无异于一场感官盛宴。我代表树叶之灵，对你在今年取得的成绩表示祝贺。

秋季也是教我们认识改变的老师。秋收之后，生长季节结束，我们也进入了衰退期。白昼与黑夜等长的秋分之日，是静思平衡的理想时期。随着天气变得越来越寒冷，叶子停止制造使其呈现绿色的叶绿素，开始老化和腐朽。

高敏感人士或许会对老化和未知感到不安，因为只有可预见的事情才能让我们安心。我们身体的一部分可能会抵抗改变，这是因为我们对改变怀有恐惧。但是，"不变"并非自然之道。自我关怀能够帮助我们接受内心的转变和成长。

秋季会鼓励你考虑优先事项。这是一个蜕变的机会，一个从陈旧的信仰、积怨或关系中解放自我的机会。问问自己："我有哪些负担？该如何释放？"秋天能让你更深地感觉到自己的转变与灵性。

9月22日

体验和谐之美

当秋风吹起,树叶从树上飘落时,大自然也为它的蜕变做好了准备。自然不会抗拒变化,这是它的休眠与重生周期中生机勃勃的一部分。同样,你也正在摆脱累赘,当春天再度降临时,你便会做好准备,迎接自己的重生。

在白昼与黑夜等长的秋分,大自然邀请你体验和谐之美。在秋分的晚上,做好计划,静思如何找到你身心的平衡。静静地感谢你身体的每个部分,感谢它们让你成为现在这样一个有趣而敏感的人。感受理性的自我和直觉的自我以一种平衡、和谐的方式融合为一,你可以随时取用这两种智慧中的一种。平静的体验就在你的心中。就这个问题进行冥想,能让你心情平静,并帮助你顺应即将到来的变化与休眠之季。

确立当日目标

我与自然和光照的循环周期相连。我要感受身体与宇宙力量的完美契合。

无惧衰老

衰老不是疾病。学会利用自己的生命能量化解恐惧，我们就能以最好的方式经历这段自然的演进。在变老这件事情上，你的主动权比你想象的更大。

研究表明，疾病不一定与年龄挂钩。如果你遵循健康的作息方式和饮食习惯，进行预防性的护理，与家人和朋友积极相处，你就更有可能维持身体健康，减少疾病。无论年龄多大，你都可以在体内创造出积极的转变。

如果从更宽广的角度来看待衰老，你的观点就会改变。你会发现，你所在的并不仅仅是物质世界，你拥有的也不仅仅是你的"小我"，你的灵魂生活在一个超越时空的场域之中。这种认识会给你带来慰藉。

我认为，55岁之后，我们就应该停止以年龄界定别人，而是顺其自然地进入神奇的"发现之域"。我希望彻底停用"衰老"这个词，以"进化"一词代替。社会对变老抱有成见，虽然这成见难以摆脱，但作为高敏感人士，我们仍可以以一种更加积极的心态来面对这一过程。

确立当日目标

我不惧怕变老。我要拒绝关于衰老的成见，我定要以一种光彩照人、充满悲悯的方式变老。

9月24日

保持谦卑

谦卑是最高尚的品质之一。这是一种力量，而不是缺乏自尊的表现，与自恋或自大截然相反。谦卑意味着你对自己在这宇宙中虽渺小但又不可取代的位置表示尊重，也说明你知道，自己只是宇宙的爱之矩阵中的一粒尘埃。通过行动、工作以及举止，你可以为这份爱贡献一己之力。这是一种崇高的使命。谦卑与高敏感特质紧密相连。谦卑的人关心他人，也能意识到人人平等，没有谁比别人更重要。

谦卑让你有勇气在犯错时承认错误，也让你对他人的需求敞开心扉。它让你变得思想灵活，更能包容而非固执僵化。当你的小我试图入侵时，要注意到它，并对那些不成熟（但往往具有诱惑性）的主张——比如非要证明自己正确——说"不"。请尽可能地做到谦卑和体贴。孔子曾说过："卑让，德之基也。"[1]

---

[1] 见《春秋左传·文公》。这里作者将儒家经典著作的表述视同孔子的观点。——编者注

> **确立当日目标**
>
> 我要在生活中抱持谦卑之心，为世界带来正能量。我不会被小我或贪婪所诱惑，也不会妄自尊大或妄自菲薄。

9月25日

净化之泪

无论对男人还是女人来说，眼泪都是勇气、力量以及真诚的象征。在治疗实践中，我已经多次见证过眼泪的疗愈之力。眼泪是你的身体对压力、悲伤、忧郁、痛苦、焦虑以及沮丧的释放。当孩子呱呱坠地时，你或许会喜极而泣；当难关过去时，你也可能流下解脱的泪水。

我会因落泪而感恩。这是一种得到净化的感觉，它能荡涤被压抑的情绪，使之无法滞留体内，避免给我带来疲劳或疼痛等由敏感引发的症状。

为了保持活力、释放压力，我建议你哭出来。眼泪对健康有诸多益处。和海水一样，泪水也是一种盐水。除了通过润滑和冲洗异物来保护你的眼睛，眼泪还能分解压力，并且含有抵御病原体的抗体。

想哭就哭吧。无论你是从他人那里吸收了痛苦，还是正在处理自己的情绪，眼泪都能帮助你更快地好起来。如果流不出泪，就把注意力放在让你忧虑的事情上，促使泪水流出。意识到自己的感受能让你在哭泣时迅速释放痛苦。遇到开心的事情时，也请任由泪水成为喜悦的本能表达方式。

确立当日目标

我要把眼泪看成内心力量和真诚的一种表达。我不会强忍眼泪，我要让泪水自然流出。

九月

9月26日

充满爱心

每一件你经历过的事，每一个你遇到的人，都注定要教会你一些东西。从最积极的视角来看，你是独自降临于世的，也要孑然一身地从这世间离开。你可以利用这段叫作"人生"的时间，去培养你的真诚与爱心，这二者都是你在漫漫灵性之路上必须具备的品质。

专注于做一个好人，做到这一点往往比听上去更难。你需要友善而慷慨地对待自己和他人。但请注意，不要过分执着于物质世界或你的肉身。当然，从这二者以及你所有的生活经验中汲取的教训是成为一个好人的必要条件，而成为一个好人是你灵性上的重大成就。每一天的每一刻，都要让你的光芒更加耀眼。用更强大、更自信的方式，展现自己的灵性和爱心。

确立当日目标

我要体验人生的灵性。我要接受自己的局限，做一个善良的人。我要时时刻刻培养自己的仁爱之心。

9月27日

潜心自省

感情上的成熟意味着为自己的行为和情绪承担责任。犹太教的赎罪日大约在一年中的这个时候，这一天的传统习俗是潜心自省，反思自己何时曾经错怪过别人，然后为自己所犯的错误承担责任。你要带着同情之心审视自己哪里做得不好，是否待人不周或甚至故意伤害别人。诚挚地承认错误，能帮助你免于背负这些行为带来的罪责。除此之外，你也应及时补救。因此，请本着赎罪的精神，对你过去的一年进行回顾，并勇敢地承担起责任吧。举例说，你可以默念、大声说出或在日记中写下这些话：

- 我要为自己的过错负责
- 我伤害过别人
- 我造成过危害
- 我以自我为中心
- 我是吝啬的
- 我没有尽全力去爱

请将任何适用于你的语句补充进来。承担责任能够帮助你释放消极情绪，为未来的一年定下富有同情心的基调。

> **确立当日目标**
>
> 我要对我曾经给别人带来的伤害负责。我要承认自己的错误，留心自己的行为会对他人造成什么影响。我要成为一个更有爱心、更有觉知的人。

九月

9月28日

勇于道歉

道歉是一个让人解脱的过程，这包括对自己的行为负起责任。这一过程能够让你了结往事，使消极的感觉不会在人际关系中挥之不去。行动得越快，就能越快地疗愈旧伤。

为某个可能对别人造成过伤害或困扰的行为道歉时，只要此举不会在别人的伤口上撒盐，你就是在弥补。你或许因为着急而待人急躁，或许对你的伴侣说了不友好的话，或许对别人说三道四或恶语中伤，抑或是对自己敏感的孩子的感情需求漠不关心。更正式且具体的"具有实际意义"的弥补，或许牵扯到偿还一笔债务，向一位以前你没有能力帮助的朋友伸出援手，或是把别人的东西还回去。你可以真诚地说"很抱歉伤害了你"，"很抱歉我没能向你提供足够的帮助"，或是"很抱歉，我在经济问题上太欠考虑了"。

道歉可以对你和他人的能量起到净化作用。有时候，你对他人造成的伤害可能是无法挽回的，但你仍可以尽最大的努力去承担你的责任并做出弥补。

下一周的每天晚上，都请反思你该如何对当天或过去所犯的错误道歉。带着谦卑之心，消除你与对方的隔阂。

确立当日目标

即便小我会抗拒，我仍要向那些自己曾经伤害过或对待不周的人道歉。我要带着谦卑之心去接近他们。

9月29日

化解积怨

积怨是一种在受到伤害或不平等对待后堆积在心间的仇恨。我们很容易对所有让人愤怒的事情念念不忘，无论是受到同事的冷落还是被伴侣背叛。如果询问朋友，他们很可能认为你有耿耿于怀的权利。没错，有人误解了你，你有权感到生气和受伤。但是，你想成为一个怨天尤人的人吗？与其如此，不如试着忘却积怨，让同情之心化解怨气。

佛陀说，执着于怨恨，就像手握一块炽热的煤，本想扔给别人，但你却是被烧灼的那一方。积怨只会把你摧毁，让你深陷于痛苦甚至报复心中。在日记里写下你的积怨，这有助于情绪的疏导。明白自己的怨恨是什么并释放它们，会让你更加生机勃勃、头脑清晰。忘却积怨的好处是，你可以专注于当下的生活，而不是沉溺于过去或喋喋不休地怨天尤人。你可以自由自在地享受爱、仁慈以及社交所带来的开阔的心境。

确立当日目标

我要找到心中积聚之久的怨气，祈祷我能够放手任之逝去，好让我继续前进。摒弃了执着和小我，我能感到这阻滞渐渐散去。

慈悲的力量

为让敏感之心和爱心变得更为深厚而踏出的每一步，都会让你变得更有活力和热情。诚心诚意地释放自我之中阻滞不动的部分，会让你更有魄力。想象一下摆脱你的悔恨、积怨以及让你鼠目寸光的老旧观念的感觉，想想你会焕发多少生机。思想或情感包袱会给你带来沉重的负担，放下这些包袱，会让你受益匪浅。

与敏感之心相伴，你就点燃了一团熊熊燃烧的慈悲之火。这团火将会吸引他人，传递希望。同时，它也是一种保护，让你能更好地抵御世界上的消极能量和压力。在散发出更多光明的同时，你的仁爱也会随之壮大，并传递给他人。你浑身上下都会透出一种激情洋溢的光芒。

确立当日目标

随着我越发接受自己的敏感之心，我要留意自己如何变得更加强大和真诚。

十月

善待身体,
保持清醒的觉知

10月1日

收获季的思考

收获季的满月之夜是秋季一个特殊的夜晚，一般发生在秋分日或稍晚几天。日落后不久，月亮便很快爬上天幕，你在夜间能看到充裕的月光。传统上，这种照彻大地和天空的光芒为收获夏季作物的农民提供了方便。这轮明月可谓一幅神奇的图景，因为它比许多其他月份的满月更大、更明亮。

同样地，在这段时间里，你也可以收获之前播撒的种子，摘取劳动的果实。思考下面这些问题：

- 我今年的目标是什么？
- 努力工作为我带来了什么好处？
- 我希望在哪些领域获得进一步的成功？
- 如何让我的亲密关系更加深厚？
- 作为高敏感人士，我获得了哪些成长？

考虑一下你该如何为未完成的工作收尾，带着全新的思维方式和乐观心态进入今年最后一个季度。

确立当日目标

我要感激我从今年的工作和人际关系中获得的奖励，也要感激作为高敏感人士的我在今年的成长中收获的回报。

10月2日

请勿打扰我的冥想！

冥想的时光是神圣的，绝对不能被打扰。冥想的时候，请关上你的手机，关上门，请周围的人不要打扰你。从你平时的意识状态转换到一个更加清晰和安静的状态，这需要运用一些注意力。一旦进入了平静的状态，就最好不要被打扰。在冥想的过程中，慢慢地吸气和呼气，这有助于你放松下来，适应呼吸的节奏。然后，让你的心流带你去往需要去的地方。你的直觉逐渐打开，你会成为传输新洞见和新领悟的通道。

冥想的时候，我会在卧室门口挂上一块"请勿打扰"的牌子，当然，紧急情况例外。如果冥想对你来说尚属新鲜事物，那么你或许需要教周围的人学会如何提供支持。把他们塑造成你私人时间的捍卫者，通过这种方式来传达你的需求。例如，你可以说："能这样协助我冥想，你可真体贴。"然后宣布这段时间只属于你自己，争取大家的支持。

> **确立当日目标**
>
> 我要腾出时间来冥想，不让别人占用我这段时间。我要与大家沟通，告诉他们如何为我的这些宁静的间歇提供支持。

10月3日

理性化解冲突

冲突是人际关系起伏中自然的一部分，请把冲突的出现视为必然。实际上，无论是在工作中、家中还是其他场合，在某些时段里，冲突在所难免，而其他时段却往往风平浪静。作为一个高敏感人士，你或许会对分歧耿耿于怀，甚至会因一时的不和而闷闷不乐。你想取悦他人，但也必须捍卫自己的需求。因此，掌握其中的平衡是很重要的。

遇到冲突时，先深吸一口气，保持冷静。不要让身体紧张，不要做出冲动的举动或说出会让你后悔的话。不要把对方看成敌人——面对亲人的时候，我们很容易犯这个错误，只需意识到你们陷入了暂时的僵局即可。耐心点儿，不要强行寻找解决方法。试着不加评判地聆听他人的观点。这样，你就能更好地理解对方的感受了。

冲突的成功化解，来自敏感之心和理解。请试着接受事实本身，不要枉费力气，争执不休。用开放的心态接受妥协，永远尊重对方。绝大多数事情是可以解决的，对于那些无法解决的问题，你要么选择求同存异，要么就接受继续下去也不会有多大改善的事实。

> **确立当日目标**
>
> 我要用一种放松而非防御的方式面对冲突。我不会助长任何冲突，也不会强行寻找解决方案。

10月4日

善待身体

如果你得了病,就把这看作一次灵魂的学习机会。你面对的,是身体和精神上的不和谐,需要你给予充满爱的关注。友善是疗愈的核心。你没有做错什么,错不在你身上,不要陷入"我在灵魂之旅上还未达标"的想法。

疾病是一段让你休息、冥想并与自己身体的智慧和需求调节到同一个频率的时间,这或许意味着你要忍受痛苦或不适。紧张会使痛苦加剧,因此,如果你能放松身心,通过呼吸抵御病痛,这段时间就会更轻松地过去。你应当注重呼气,借此让身体和思想都柔软下来。即使有负面或充满恐惧的想法进入脑中,比如"我为什么没有好得更快"或是"我永远也痊愈不了",也不要沉溺其中。

为了快速康复,请拒绝任何你可能会讲给自己的、从别人那里听到的或是从网络上看到的可怕的故事。相反,要将注意力放在积极的结果上,安住当下。当下这一刻的体验以及怎样以同情和悲悯对待自己,才是最重要的事情。疗愈需要耐心,也需要你尊重身体的节奏。无论是在健康时还是生病时,都要与你的身体为友。让乐观的人常伴你左右。留出足够的时间来让自己休息和恢复活力。不断构想一个健康而充满生机与快乐的未来。

确立当日目标

我要带着同情和耐心来看待疾病。我要把疾病当作一个关爱自己和实践自我关怀的机会。我要为当下和未来编织一幅健康安乐而不是疾病缠身的图景。

10月5日

转换思维模式

许多主流的医学从业者并不知道如何正确地诊断高敏感人士，因此常常给对方贴上"妄想症患者"或是"神经质"的标签。实际上，医生经常将高敏感人士与妄想症患者混为一谈，因为有些人的症状并没有明显的病因。

作为一块情感"海绵"，你那渗透性超强的系统会不断地处理来自周遭环境和他人的能量（尤其是在你疲倦或沮丧时），这种状况会引起非常具体的生理和情绪症状。

与此相反，妄想症患者会过分关注自己的健康以及对健康的潜在威胁——他们通常不会吸收他人的痛苦。他们的体验与其说是一种与能量有关的现象，不如说是一种基于恐惧的思维的结果。另外，妄想症患者也不会像高敏感人士一样对自我关怀产生有效的反应，比如屏蔽观想、冥想以及划清边界。在高敏感人士实践这些技巧的时候，他们从外部世界吸收的不适感便会减少，由此，他们的能量会有所增加，变得不易受疲倦、肾上腺疲劳以及其他种类的疾病的影响。

确立当日目标

如果为健康问题而纠结，我就要转换思维模式，想象活力焕发和身心健康的感觉。我要聆听身体的智慧，把自我关怀放在优先位置。

10月6日

保持清醒的觉知

忽视自己的直觉，错失精准的内部"导航系统"带来的益处，这就是活在忽视和拒绝承认现实的状态中的危险之一。保持清醒和敏感，你就能体验到生活中的诸多激情。你不会因为忙碌而对路边的小花熟视无睹，也不会因为疲劳而不去享受大自然以及娱乐的恩泽。

定期冥想能够帮助你保持清醒。冥想能够训练你潜入内心，与自己的本性沟通，甚至连接生命的本质。在练习有意识地呼吸时，你就是在疏通体内压力和情绪的淤塞。

如何才能保持更加清醒的状态？带着正念，轻柔而缓慢地吸气和呼气。在喝水时慢慢啜饮，感受水那维系生命的神奇特质。聆听你内心的声音。放慢脚步，去观察——真正地观察——你周围的美好。这样一来，你就可以带着水晶般透彻而充满悲悯的双眼，从充满爱意和狂喜的生命能量中获益。

确立当日目标

我要保持清醒，也要对我自己、我的人际关系以及广大的世界抱有敏感的觉知。如果我不小心跌入了麻木或拒绝承认现实的状态中，我要立即反应过来，回到清醒状态。

找到自己的榜样

关于如何成为一个强大的高敏感人士,你可以从榜样身上得到诸多启发。持续关注那些你崇敬的充满关爱的高敏感人士,尤其是那些致力于自我关怀的人。

观察他们如何寻找满足与快乐,观察他们如何在为他人付出的同时又不牺牲自己。注意他们会安排多少独处的时间,又会预留多少在大自然或其他让人精神焕发之地休憩的机会。和他们聊聊作为高敏感人士遇到的困难以及他们是如何克服的,谈谈他们针对自己的敏感仍在处理的问题。成为一个强大的高敏感人士是一个不断探索的过程,沿途总会有新的经验教训出现。

如果你的生活中没有可以作为榜样的人物,那就在彰显共情能力、自由以及宽容的公众人物、英雄或历史名人中找找吧。可以把马丁·路德·金、圣方济各、埃莉诺·罗斯福或圣雄甘地作为榜样。我的榜样之一是卡尔·荣格,他在精神病学界为直觉开辟了一席之地。阅读关于这些人物的文章,效仿他们,投身于诚信、关爱、共情以及行善之中。

确立当日目标

我要找到一个榜样。我要从他们那里学习如何更加充分、自信以及明智地表达我的敏感之心。

10月8日

驯服小我

小我既有光明的一面，也有黑暗的一面。从积极的方面来看，小我给予你强烈的自我意识和追寻梦想所需的自信。当小我不够强大时，你可能会缺乏创造你热爱的生活的决心。然而，失控的小我会让你变得固执、自私、虚荣和骄傲自大，它无时无刻不需要感到自己是重要且正确的。这会惹人厌烦，也会限制你给予他人的同情和理解。任由一个过分自负的小我来控制你的生活或抑止来自更高能量的声音，并不是明智之举。

你的目标是驯服小我。这意味着你不仅要利用其积极的特性，也要在小我膨胀的时候后退一步，仔细审视。在小我开始膨胀的时候，你要训练它学会退让。驯服小我是一项正念性练习，要去观察它，找到触发它的因素并时时通过冥想或自省回到本心。切记，小我来自你那充满不安和恐惧的思维，而谦卑则发自心灵。

确立当日目标

我不会让小我控制我的人生。我要用充满爱的目光密切关注小我，一旦有失控的迹象，就要将它驯服。

10月9日

诚信正直

诚信正直的意思是，坚守、奉行诚实、同理心、同情心以及灵性等准则。面对选择的时候，你要选堂堂正正的那条路，而不是放弃自己的信仰，即便这意味着失去一段友谊、一份工作或导致其他麻烦。

诚信正直就是其自身的回报。一生忠于自己的好处是，你会喜欢上自己。因为害怕拒绝或失去而出卖自己或违背自己的价值观和敏感之心，这并不明智。相比之下，当未来有一天回顾过去时，你会更喜欢为自己的行为感到自豪，即使你为此付出过代价。

做一个诚信正直的高敏感人士，能够让你充分发挥自己的能力，并以谦逊之心对待自己的天赋。你将听从你的直觉，尊重你身体的需要。正直的敏感之心会促使你去理解他人的观点，而不是责难对方。忠于你的敏感之心，会让你更加深切地热爱自己和他人。

确立当日目标

我要在生活中实践正直诚信。我要重视我的正直诚信，不违背我的价值观，也不做任何有违仁爱的事。

十月　315

10月10日

念诵宁静祷文

要想在你的人际关系中感受到更多平静与和谐，关键在于接受。如果你认为对方的行为或某种情况是错误的或需要纠正的，你就总有不开心的理由。但是，当你接受了一个人、一件事或一种情感在当下本该有的样子，你所经受的挣扎和能量损耗就会减少。

不要将注意力放在别人的缺陷上，而是要注意自己有哪些心态是可以改变的。这样一来，无论做何决定，你的心境都会更加平静。你或许会选择与一位朋友的行为划清界限、结束一段恋情或是换一份工作，要想做出明智的决定，前提是接受他人本来的样子，而不是怨天尤人或吹毛求疵。虽然你不是总能扭转形势，但你总能对自己的感受以及采取的行动加以控制。

在练习接受的时候，你可以暂停下来，在心中重复默念这段宁静祷文：

> 请赐予我宁静之心，
> 接受不可改变之事，
> 请赐予我勇气，
> 改变能够改变之事，
> 并赐予我分辨二者的智慧。

确立当日目标

我要练习接受，而不是对抗当下的现实。我要对别人抱有切合实际的期望。我不会试图改变他人，也不会试图改变那些我无法控制的事情。

直面失去

爱是一种高风险行为。深爱之时，你孤注一掷，承担着失去和痛苦的风险。一些敏感之人会因无法承受失去的痛苦而从此对爱退避三舍。为了避免再次失去挚爱，他们会放弃一段大有希望的恋情，或是拒绝从收容所里救助可爱的动物。我理解这种恐惧，但我也知道，爱才是人生的全部，我们的心灵和世界，都因爱而熠熠生辉。

对失去的恐惧不应是你最主要的出发点。当然，敞开心扉，意识到痛苦不可避免但会逐渐痊愈，并不能解决所有问题，但我仍然希望你选择爱。没有人能说面对失去是件容易的事，但是痛苦不仅能让你释然，也可能让你在精神提升和疗愈的旅程中更进一步。你可以全心全意地为失去的人而伤怀，但是，无论经历多少创伤，你都要用一颗开放的心去面对生命中不断出现的亲密关系。

确立当日目标

我有足够的韧性直面失去的痛苦。我能够直面伤痛，并承担再次去爱的风险。

10月12日

宽容待人

宽容是"求同存异"的理念的体现，它让你对不同的观点、文化、精神信仰或生活方式充满好奇。宽容给他人留出了做自己的空间，这意味着为多样性撑起一片天空，而不是抱着一种"敌我分明"的心态。同样，在培养同情心时，练习接受我们自己和他人的缺陷也是至关重要的。

同时，也请在能量层面培养宽容之心。比如，不要向在健身房里大声喧哗的人或开车时与你车距过近的年轻人发送负能量，这并不代表你在纵容他们的行为，只是在防止你浪费精力为无法控制的事情而闷闷不乐。

与此同时，尝试在想要谴责他人时多加包容，三思而后行。（当然，如果对方施虐，那就另当别论了。）每个人都有你或许看不见的难处。在印度，"namaste"这句问候语的意思是"我的灵魂看见你的灵魂"。你不必与对方意见一致，甚至不用喜欢对方，表现出尊重就可以了。

> **确立当日目标**
>
> 我要对他人更加宽容，用我的心来看待他们。绝大多数人都在拼尽全力地应对自己的挑战。

10月13日

重新找回安定

焦虑会在生理上引发一种自动的应激循环，叫作"战斗-逃跑-僵住"反应。在面对危险时，你的本能反应可能是与对方战斗、逃离现场或者僵住不动（指在感情上陷入瘫痪，或者因过于恐惧或不堪重负而无法动弹）。尽管这些本能反应可以帮助你保命，但长期处于感官超负荷状态的高敏感人士往往会持续处于这种过度应激的状态，不但损耗精力，而且不利于健康。

战斗-逃跑-僵住反应或许是一种自我保护机制。如果你认为你的伴侣试图伤害你，你就会用语言进行攻击，通过把对方拒之门外规避展现脆弱和敞开心扉的风险。同样，如果对方具有攻击性，那么你也会以牙还牙，而不是以更加包容的方式来处理。你也可能干脆避开冲突，或者进入僵住不动的状态。

找到会触发你的战斗-逃跑-僵住反应的事件，毕竟你也不想在遇到问题时措手不及。那是被老板训斥，还是你的孩子大声尖叫，抑或是在拥挤的商场里感到幽闭恐惧？了解这些触发因素，可以让你规划如何自我关怀，以便在这些情况下有效地保护自己的敏感之心，以一种更加镇定的心境来应对。

> **确立当日目标**
>
> 我要留心那些触发战斗-逃跑-僵住反应的紧张情境。我要采取措施，快速让身体平静下来，重回镇定。

十月

10月14日

触摸疗愈

太多人都缺乏与别人的肌肤接触，只想要单纯的沟通和联系。但是，充满关爱的触摸能够向你的全身输送积极的能量。高敏感人士会对能够传递正能量的触摸产生反应，比如友人的拥抱，与恋人的亲密相处，或是一位同事在其背上鼓励的轻拍。

此外，瑞典式按摩、深层组织按摩或指压按摩等方式都能让你体验到触摸疗愈的力量。各人的喜好不同，能令你放松的按摩或许是舒缓的，也可能是剧烈的。按摩能缓解你在压力下产生的生化反应，并净化你的淋巴系统。在治疗过程中，你也许能将积聚在身体脆弱部位（比如下背部或双肩）的情绪释放出来，让它们流动起来。作为自我关怀的一部分，我建议你定期接受按摩，不仅为了体验其中的乐趣，也为了将你从外部世界吸收的多余的压力或情绪释放出去。

确立当日目标

我要满足我对"肌肤之亲"的需求。我要探索不同方式来体验舒缓身心的触摸，包括按摩，也包括与朋友和爱人相拥。

体验森林浴

研究表明，美国人平均90%的时间都是在室内度过的。与其如此，不如出门到大自然中去。与树木共处，对身心有疗愈的功效。对植物高度敏感的人群——也就是那些对欣欣向荣的绿色植物情有独钟的人——深谙其中的妙处。

当你需要给自己充电或单纯想要体验树木的静谧时，让自己来一次"林间的沐浴"吧。这是日本一种叫作"森林浴"的疗愈身心的传统，即通过置身于林间带来身心复苏。在日本医学中，森林浴已经成了一剂健康处方，也是预防性治疗的一个组成部分。

如果你住在森林附近，就可以经常到森林里走走，如果离森林较远，那么公园中的一片小树林也可以。打开你的感觉——视觉、听觉、嗅觉和触觉，用心聆听林间的种种声音，如鸟儿的啼啭，以及溪水奔腾的潺潺声，细嗅松针或桉树的芬芳，端详树叶的颜色和其上跃动的光影，吸入植物与我们慷慨共享的纯净氧气，让自己做做白日梦，感知树木之灵。

确立当日目标

我要尽情吸收一片森林或一棵树的疗愈之气。我要让这氛围帮助我放松下来，使我更加清晰地思考。

10 分钟规则

作为一个高敏感人士，你或许会碰到一个常见的难题：一回到家，你的伴侣、孩子或室友便会对你进行"突袭"，或对你提出种种要求，或向你诉说一天中的点滴。即使热爱工作，你仍会感到筋疲力尽。你的身体需要休息，你的大脑需要一些空间和宁静。

解决方法是设定明确的界限，在经历了一整天的工作之后回到家时，让界限来保护你。我推荐"10 分钟规则"（如果你愿意，时间也可以更长），它能让你慢慢适应家里的环境，且不必在这段时间里讨论或处理任何问题。（这条规则也适用于家中其他刚刚回来的人。）进入房间，把门关上。休息，听音乐，冥想，换上舒适的衣服，或者干脆什么都不做。在解压之后，你便能以一种平静的心境更好地面对他人了。

确立当日目标

我要与亲友划定合理的界限，比如让我在下班回家之后有一段放松身心的时间的"10 分钟规则"。我要把这段安静的时间留给自己，然后再与他人互动。

拒绝是一种护佑

没有人喜欢被人拒绝。遭拒会让你受伤，让你有不被赏识甚至被抛弃的感觉。许多人都害怕被拒绝，他们会预见到可能被拒绝的情况并避开它们，甚至为此做噩梦。为了降低遭拒的可能性，有的高敏感人士会取悦他人，把自己真实的需求隐藏起来。

鉴于此，用灵性的眼光审视拒绝，不让自己因恐惧而否认真实的自我就显得非常重要。问问自己："对我来说，这次拒绝有什么更深刻的意义？是增强了我的自尊心，还是让我在困境中保持坚强？是要我规避风险，还是让我信赖人生之路的完整性？"把你的想法记在日记中。

考虑一下这个问题：有时候，拒绝或许是保护你免受伤害的方式。我曾多次在我的患者中看到了这样的例子。虽然你对一段恋爱关系或是一份工作抱有热切的渴望，但从长远来看，这或许并非你最好的选择。要想具备这样的信念，你必须抱有信心，当这种信念一次次被事实证明时，你便会看到其中的智慧。总有一股伟大的力量在守护着你。

确立当日目标

我要思考拒绝背后更为深刻的意义。当我被强烈的欲望或偏执蒙蔽时，我要将拒绝看作一种神圣的护佑。

10月18日

万事有天时

我很喜欢《传道书》中的诗句:"凡事都有定期,天下万务都有定时。"[①] 学着聆听你的直觉。如果急着在时机尚未成熟时做事,便会生出不可能达成的妄念和深深的挫败感。但如果你能掌握耐心和等待的艺术,练习倾听,知晓何时行动,那么每一天都会以自然的节奏展开。

你的人生进度表是独一无二的。你或许会在古稀之年第一次结婚,或在年过半百的时候改行。在发现自己是高敏感人士的时候,你或许9岁,或许90岁。没有所谓的对与错。你发自内心地准备好迎接改变的决心,就是那剂催化剂。就像人们说的,当你准备好时,你的人生导师便会以某个人或某种体验的形式到来。万事都会在属于自己的完美时刻发生,这是一个值得信赖的真理。

[①]《传道书》见于《圣经·旧约》,约作于公元前1000年,作者为大卫的儿子所罗门。——译者注

确立当日目标

我要磨炼耐心并遵循自己的直觉,而不是试图去推动一扇还没有准备好打开的门。我坚信,人生的使命和经验教训会在适当的时候显现出来。

释放僵化与固执

今天,请留心自己何时在跟随生活的节奏流动,何时在抗拒。跟随生活的节奏会给你精力充沛、乐在其中、心情愉悦,甚至毫不费力的感觉;抗拒则会让你紧张、局促、压力重重,仿佛在往陡坡上推一块巨石。

遇到来自内部或外部的阻力时,要停下来审视它。或许你在项目上遇到了瓶颈,却仍在努力推进;或许你在说服自己和一个你不感兴趣的人约会,因为朋友们对那个人交口称赞;抑或是你与一位同事有分歧——你坚持己见,对方却不肯接受,双方僵持不下。

带着同情之心去审视来自自己或他人的抗拒,思考其中蕴含的深意。如果想找到更宏大的意义,请试着减轻你的抗拒感,而不是愈发固执己见。然后,留心任何源自直觉的新见解,比如某件事的实现为时尚早。

身体运动也会减少阻力。写下你可以选择的锻炼方式,包括拉伸、深呼吸、瑜伽、冥想或在水边漫步,然后付诸行动。如果一段关系陷入了僵局,给它一些空间,这有助于在恢复沟通后化解阻碍和冲突。减轻抗拒感会给你带来清晰的思维,让你避免用疯狂而不理智的方式消除障碍。

> **确立当日目标**
>
> 我要保持呼吸,将我的僵化和固执释放出去。在遇到阻力时,我要温柔地对待自己。

10月20日

陪伴的力量

我在朋友和伴侣身上寻找的特质，包括言行一致，以及能在亲密关系中伴我左右。一个很好的判断方法是，看对方是否会经常出现在我身边。在亲密关系中，你需要先信任对方，才能安心地将自己更为脆弱的一面展示出来。对方的可靠，能够带给你这份安全舒适的感觉。

对方出现在你身边，就是在让你知道"我在乎你"或者"我珍惜我们共处的时间"。无论对方是为你庆祝生日，在你沮丧时提供精神支持，还是和你一起看电影，这都是在证明，他们是可以依靠的。没错，有的时候，人们会被自己的生活弄得手忙脚乱，根本无暇陪在你身边。但是在大多数情况下，真正的朋友不会接连不断地取消约会，也不会明明只跟你相隔一两公里，却频频用"我在精神上与你同在"的话来打发你。无论遇到人生的高潮还是低谷，挚友都会彼此陪伴，而这，也会一点一滴地浇灌彼此间越发深厚的信任。

确立当日目标

我要与那些愿意腾出时间陪伴我的人建立关系，我也要为对方腾出时间。我要对那些不守约的不靠谱的人敬而远之。

10月21日

积跬步，成千里

世界如此匆忙，我的许多野心勃勃的患者都希望自己的努力能带来即时的回报。在事与愿违的时候，他们就会焦躁不安、易怒或自责——这很容易使人妄自菲薄、垂头丧气。

作为一个高敏感人士，我看待事物的眼光有所不同。匆匆忙忙会让我筋疲力尽，也会致使我犯错。我知道，步履缓慢地前进会给我带来多么美妙的感觉。我的书桌上摆放着一块小小的石龟图腾，提醒我要缓慢而坚定，保持耐心和毅力。用正念迈出的每一小步，都会在沙滩上留下金色的足迹。这些步伐坚毅果断，不断向前，充满智慧。

最幸福、最成功的人常说，他们的目标是通过一个个积极的选择，循序渐进地实现的。以你取得的小成功为基础，不断进步，便能创造伟大而持久的成就。

确立当日目标

我要在人生中稳步前进，避免仓促。我要重视自己在持续前进的道路上所迈出的每一步。

10月22日

做自己，爱自己

我们都会有自我怀疑的时候。如果你感到自己不够迷人、聪明、成功或有悟性，就请重复下面的自我肯定的话语，然后做好准备，释放你的恐惧，认清你那充满爱心和价值的本质。埃莉诺·罗斯福曾说过："除了你，没有人能让你觉得自己低人一等。"

> 我的人生是圆满的。
> 我不需要向任何人证明我的价值。
> 我不必装出虚假的模样。
> 我不必掩饰自己的敏感，也不必在不快乐的时候强颜欢笑。
> 我对自己很满意。
> 我爱我自己。
> 我对生命中的机遇心怀感激。

确立当日目标

我要不断看清自己最好的一面。我不会认为自己低于或高于任何人。只要做自己，就足够了。

10月23日

让别人"获胜"

分清人际关系中的轻重缓急。你想要和谐还是冲突，包容还是责备？你是能够妥协，还是必须永远正确？如果给人一种自认为无所不知的印象，你可能会遇到强大的阻力；但如果你宽容大度一些，沟通就会更加顺畅。

你的小我会形成阻碍。为了避免这种情况（即便你知道自己是正确的），问问自己："我是想要快乐，还是非得争出对错？"你有选择的余地。即使对方听不进去，你也可以继续说教，告诉对方为何应该接受你的观点，当然，你也可以（至少是暂时地）把这个话题放一放，或是选择求同存异。

遇到较小的争执，我其实很享受让别人"获胜"——这样不仅能让我轻松，也能让对方松一口气。比如，当朋友坚称"到那里需要一个小时"的时候，虽然我知道旅程的用时要短得多，但也不会继续争执下去。

当你允许对方成为正确的一方时，他们会非常惊喜。这是一份你能够赠予他们的礼物。你不必扮演出气筒或是对较大的问题视而不见，你只需要张开双眼，在坚持己见毫无意义或由此引发的问题比解决的问题还多时，有所觉知。

> **确立当日目标**
>
> 我不必总要显得自己无所不知，也不必总要强辩到底。有时候，我要让别人成为正确的一方，并留心这会给他们带来多少快乐。

10月24日

培养清明之心

每个人都有"自性",这是一种光明而广阔的觉知,是你真实的自己,超越了任何执着、恐惧、愤怒或不安。很多人都会依附于自己有限而狭隘的自我,因此无法与代表开悟的自性相通。

我的老师说:"自性中有天使,也有魔鬼。"因此,请保持警惕,既要留心你黑暗的一面,也要为自己的善良与同情心提供养料。如果你能保持清醒,那么做到这一点就是一种有意识的选择。你想成为哪种人,你是否能够通过接受爱而对基于恐惧的思想说不,这些,都由你来主宰。耐心地一层层剥去阻碍你认清自性的无意识和恐惧之心,你内心的光明便会像太阳一般熠熠生辉。

确立当日目标

我要静心思考自性。我要在内心培养我尊重的特质。我要培养同情与清明之心。

提高辨别力

身为一个强大的高敏感人士的好处之一，就是你既能软弱，也能坚强。我希望消除一种错误观念，即我们只能非此即彼，无法同时拥有许多看似相反的特质。卸下抵御强烈而真实的情感冲击的盔甲，勇敢地面对恐惧、焦虑或沮丧，需要巨大的勇气。

虽然通过制定保护策略来转移压力和有毒能量对身心有益，但也不要因过度设防而牺牲你的脆弱。在一天中的许多时候，你都必须凭直觉来感知人际沟通中的能量，判断何时该对他人敞开心扉，何时该将自己保护起来。灵活变通是一种美德，这能让你在不同情况下判断是该展现脆弱还是该保护自己。

确立当日目标

我既脆弱又坚强。我要在决断时磨炼自己的辨别力，并利用直觉作为内心的"导航系统"。

10月26日

保持锐气

锐气是一种吸引人的特质。这是你的内在富有野性和创造力的一面，它能让你忠实于自己的感情。保持自己的锐气，你就不会粉饰自己的想法，也不会对别人对你的看法耿耿于怀。你会将自己的天赋和个性彰显出来。

这些年来，我目睹了太多有高敏感人士特质的患者因过度牺牲自我而磨平了锐气。之所以牺牲了自己的自由精神，是因为他们奢望取悦每个人：伴侣、双亲、老板以及子女。他们变得过于温柔、顺从，甚至消极被动，到头来，他们只能陷入没有自我、愤愤不平的境地。

锐气是高敏感人士的一个至关重要的特质，你随时可以重新寻回自己的锐气。认真回想它的样子和带给你的感觉。充满锐气的你想要表达什么？它是否感到无法呼吸？是否希望少受些约束？你该如何将它释放出来？做一个随和的人当然是件好事，但与此同时，你也应保持饱满的锐气。

确立当日目标

我要做真实的自己，不会因担心别人不赞同我而牺牲自己的锐气。我要珍惜我的锐气和内在的自由。

减少苦痛

痛指的是身体或情绪上的不适。中医认为，痛是你体内的"气"的阻塞。与之相应，苦是你对痛的反应，是你对痛的思考与感受。

在生活中，一定程度的痛苦是不可避免的，但正如那句名言所说："你的苦都是自己选择的。"为自己编织的关于痛的故事，会将痛感放大。基于恐惧的妄想或许是你最大的敌人。例如，拿"我的背痛永远也不会好了"与"这只是暂时的，一旦康复，我将比以往任何时候都健康"做比较，抗拒痛感会加剧你的苦，紧绷的状态则会让事情变得更糟。尽量放松下来，通过呼吸平复心情，你的苦难便会有所缓解。

越能稳定心情，全然接纳自己，你所经历的不适也就越少。请记住下列公式：过度控制＋过度思考＝身体和情感的痛苦。因此，请学会放手，少些思虑，把你感受到的痛苦降到最低。

确立当日目标

感受到痛苦的时候，我要温柔地对待自己。我不会专注于恐惧，也不会庸人自扰。我要保持平静之心，减少我承受的痛苦。

10月28日

数息法

"万法"指的是头脑将你的注意力从内心之路上分散的万千途径。它包括为待办事项烦恼，为某次尴尬的谈话耿耿于怀，以及为世上的苦难牵肠挂肚。只要头脑对万法中的一法起了执念，你的清明之心就会被打乱。

你希望让头脑平静下来，克服这些干扰。但是，与其强迫头脑安静下来（这只会让思绪更加纷乱），不如给它布置一个任务。数息法就很好用，具体做法如下：

> 吸气，数到4，然后屏息，数到4。
> 接下来，呼气，数到4，然后放松，数到4。
> 将以上练习重复三次。
> 然后冥想至少10分钟。

当你的头脑被占据时，你就不会被万法诱惑了。

确立当日目标

我要在冥想时对呼吸计数，以此让头脑平静下来。我不允许自己因任何事情而分心。我要像天空那样平静而澄澈。

疗愈内在的创伤

拥有高敏感之心的孩子可能会在成长中经受不同程度的创伤。创伤的来源可能是被人训斥，听到父母或兄弟姐妹争吵，或是被羞辱、指责、虐待或欺凌。即使只是被家中强烈的噪声干扰，也可能带来创伤。在这样的环境中，高敏感儿童那高度敏感的身体或许会比其他人吸收更多的压力。

你的过去也许直到现在都在影响你。当成年的你暴露于类似的刺激下时，你便可能表现出过激的情绪反应，因为你回想起了与伴侣之间的争执等原始创伤。（这就好比一位老兵误将汽车回火当作炸弹爆炸。）

带着创伤后的压力，你的身体不但无法回到创伤之前较为平静的状态，甚至连创伤发生时的心境都回不去。你永远也不能完全放下心来，而是会时刻保持警惕，保护自己免受进一步的威胁。

将你幼年经历过的创伤的原因记录下来（没有哪次创伤是"微不足道"的），然后留心自己对伴侣、同事或其他人表现出的创伤后应激反应，借此正确看待自己的反应，而不是混沌无知。另外，寻找一位治疗师为你治愈最初的创伤，并定期接受按摩和能量治疗，清除你体内所有残余的情绪。

确立当日目标

我要找出童年时受过的创伤。我要留心对这些创伤的反应是否会在现在的人际交往中重现。我能够从这些伤痛中走出来。

释放羞愧

羞愧是一种痛苦的屈辱感，它源于"我有许多缺点"或"我低人一等"的想法。之所以对自己评价严苛，是因为你担心没有达到自己或他人的标准。羞愧往往源于童年。你的父母或老师可能曾在私下甚至大庭广众责骂过你，或者，你可能遭受过同学的虐待或霸凌，也许有人曾对你说"你太蠢了"或者"你什么都做不好"。我十几岁的时候，母亲常常在她的朋友面前说："朱迪斯，如果不是你穿的衣服和那头乱蓬蓬的头发，你该有多漂亮呀！"自然，我感到自己受到贬低，羞愧难当。被当众受辱会留下一道不可磨灭的伤疤，除非你有意用同情和悲悯来疗愈羞辱带来的挥之不去的印记，否则这伤痕会久久留在你的意识之中，为你成年后的抉择和人际关系蒙上一层阴影。

把你曾遭人羞辱之处记在日记中，比如你的外表、智力、财务状况或敏感性情。认清那些羞辱你的人，然后调动你心中强大的一面，告诉你受伤的一面："这全都是假的。那些人只是刻薄罢了。"请用仁爱之心来对抗有害的羞愧感。

确立当日目标

我值得在各个领域取得成功。当对自己的某个方面感到羞愧时，我会用一种善意的想法来代替羞愧。我会疗愈伤痕，释放过去遗留的羞愧感。

10月31日

怀念逝者

你拥有属于自己的魅力和魔力。万圣节是一个绝佳的时机，可以让你充分利用和表达自己充满魅力和忠于直觉的一面。

如果你有幸遇到万圣节时来要糖果的孩子，就让他们的天真和可爱带给你欢乐。他们甜美的声音和富有创造力的服饰可以激发你的童心和好奇心。当然，如果你不想与他人交际，也可以向内探索。思考如何聆听你的直觉，或是回忆逝者的点滴。

确立当日目标

我要认识到，我是奇迹、惊喜以及直觉的混合体。我发誓，我永远不会对自己独特的魅力视而不见。

十一月

关注生活中美好的一面,
与他人深度共情

11月1日

找到独处与人际交往的平衡点

随着天气渐冷，日照渐少，你的直觉或许会让你蜗居在家，成为一个隐士。待在屋里让人感到既安全又温暖。你可以多准备些喜欢的食物、书籍和音乐，连上互联网。你可以在冥想的空间里静心沉思，和宠物玩耍。此外，如果可以远程工作，你就可以躲过通勤和办公室政治带来的压力了。

待在家里虽然有好处，但也有不利的一面。像许多高敏感人士一样，你或许容易把自己孤立起来，一旦离群太久，就会孤独感丛生。虽然在家里能对自己所受的刺激有更好的控制，但你也可能错失与他人接触所带来的积极能量。如果你因为一直待在自己的小窝里而感到孤独，就在秋冬季节找到独处与社交的平衡点。尊重你想要蛰伏起来的欲望，同时也要利用社交带来的益处，让生命的电波赋予你灵感的火花。

确立当日目标

我要给自己独处的时间，但也不会走极端。我要在蛰伏的欲望和与人相处的需求之间找到平衡。

11月2日

感受冬日的温暖

寒冷天气的乐趣之一，就是你可以穿上温暖而舒适的衣物。在夏天，一些高敏感人士会觉得穿着薄衣的自己过于暴露或易受伤害。与此相反，在秋冬季节，你可以用带风帽的大衣、围巾、羽绒马甲，以及内衬柔软羊毛或天然纤维的手套将自己裹得严严实实。在夜间，你可以穿着法兰绒睡衣在温暖的法兰绒床单上入睡。在暴风雪或严寒的天气里，你可以穿上厚厚的羊绒或棉制的袜子、打底裤以及厚实的靴子，为双腿和双脚保暖。

和许多高敏感人士一样，你或许也无法忍受某些纤维的触感。你可能不喜欢粗羊毛引起的发痒感，或是觉得脖子周围太紧的毛衣领子让你不自在，但柔软的棉布、丝绸或法兰绒却能让你感到舒适。明确你的喜好，让你的衣服给你带来舒适的触感。

确立当日目标

我要享受严严实实地裹在御寒冬衣中的感觉。在严寒中，我要让自己被舒适的衣物紧紧拥抱。

11月3日

无境之境

生活充满了波澜与变化。如果有太多的东西快速向你袭来，这不仅会让你应接不暇，还可能触发你的感官过载。有的时候，你的感情或许会形成疯狂而剧烈的旋涡。即便在这种情况下，你的任务也绝不会超越你的极限。你那焦虑的头脑可能会说："我应付不了这一切！"尽管如此，你也要意识到，从更深的层面来看，你完全有能力从你经历的所有难以处理的情绪和困境中获得成长。

在经历创伤或被太多刺激淹没时，无境之境就在那里。你可以从自己拥有的内在力量之源汲取能量，一个隐形而充满爱的支持系统就在那里护佑着你。在冥想中，你可以用直觉去感受这张神圣的安全网，让自己被它抚慰。虽然生命的本质是无常，但无境之境却是无限而恒常不变的。

确立当日目标

无境之境永远在我的脚下。我相信，我被一张永远存在的爱之网所包裹着。

十一月　343

11月4日

抑郁的启示

治疗抑郁是一项神圣的工作，也为你的精神蜕变提供了一个机会。这是一个警钟，让你审视你在生活中可能想要做出的改变。然而，由于抑郁的感觉会让人深感不安，因此它往往会被贴上"黑暗"的标签。

尽管如此，我仍然相信，抑郁也是"灵魂的暗夜"，在你的精神成长阶段，这是一个潜在的具有启示性的阶段。我建议你从这种角度来看待抑郁情绪，在严重抑郁时更应如此。抑郁是一个虽然艰难却值得接受的挑战，它鼓励你在看似一切尽失的时候，相信自己能在黑暗中找到光明。

确立当日目标

感到抑郁时，我要安住于当下，向心理治疗师或朋友寻求帮助，并实践自我关怀。我没有做错任何事，抑郁也并非我的过失。我要打开心扉，接受这一体验带来的精神教训。

11月5日

直面结束

当一段痛苦的恋情或一种消极的情感模式快要走到尽头时，你的心灵知道何时放手。

当你觉得无力前进，或是想要对不愿得到帮助的人收回援手时，你的心灵知道何时放手。

当你过度工作，无情地逼迫自己时，你的心灵知道何时放手。

当你因为没有得到你应得的升迁而止不住自责时，你的心灵知道何时放手。

我们中的有些人会对痛苦上瘾。对这种瘾或任何不健康的习惯或人放手，也许会让你痛苦不已。你会因为失去而黯然神伤，或是下定决心，等待一个未来可能出现的契机将你带出痛苦。但现在，面前的这扇大门是紧闭着的。如果你无法接受这一点，一再返回无益的困惑或心态中，你只会经历更多的痛苦或沮丧。请尊重已经完成或结束之事的神圣的"了结"，这能够帮你疗愈伤痛，促使你继续前进。

> **确立当日目标**
>
> 我明白，有些关系或事情是必须画上句号的。我要聆听内心的信息，学会如何照顾自己，并放开不再有益于我的东西。

安排自己的安息日[1]

每周用一天的时间休息，如果条件不允许，那就至少休息几小时。提前安排一个最方便的时间，比如犹太教或基督教传统规定的周六或周日。这次神圣的停摆，能让你放下世俗的烦恼，专注于为身心补充能量。

《创世记》将安息日定义为安排在第七天的神圣休息日，因为上帝要从创造万物的工作中得到休息。《十诫》之一有言："当记念安息日，守为圣日。六日要劳碌作你一切的工，……第七日便安息。"

秉承这古老仪式的精神，你也可以将安息日融入生活，避免身心俱疲。终日忙碌会让人筋疲力尽，你可以暂时无视内心的监工，无论他或她多么努力地引诱你重新投入紧张的工作。安息日是一个让你长舒一口气，暂时停止为目标奔忙的机会。

---

[1] 《圣经》记载，上帝在六日内创造天地万物，第七日休息。犹太教以星期六为安息日，基督教以星期日为安息日。——译者注

> **确立当日目标**
>
> 我要在生活中定期安排安息日，恢复精力，重塑自我。我只需休息、冥想，滋养我生命的本质。

11月7日

瑜伽中的钟表

要想舒展身体,就练习下面这个模仿钟表的舒缓的瑜伽体式吧。

首先,右侧卧,双膝靠向胸口。然后,将双臂在身前伸直,左臂置于右臂上。这是九点钟体式。然后,保持右臂伸直,让左臂像时钟的秒针一样慢慢绕身体旋转,嘀嗒,嘀嗒,嘀嗒,进入十点钟方位,然后是十一点,之后是十二点。当你来到一点钟方位时,让不断增大幅度的伸展自然地扩展你的胸腔。你的身体会在手臂的牵引下轻轻转动。按自己的速度来做动作。继续沿着时钟的数字打开左臂,直到你再次回到九点钟位置。将这组动作重复三轮。

完成后,在另一侧重复同样的动作,不过现在,从三点钟位置开始吧。

这个瑜伽体式能够让你感受到自己的身体融于时间的流逝之中。同时,它也会让你的胸腔和肩部得到伸展,从而释放压力和淤塞的情绪。

确立当日目标

我要尝试将瑜伽作为一种自我关怀的形式,让自己更充分地安住于肉体。我要用我的身体创造一座时钟,让自己伸展和放松。

11月8日

深度共情商数

我发明了一个衡量共情力水平的"共情力商数"。要想衡量同事、朋友或爱人的共情力商数,你可以问问自己:"他们会真心在乎别人吗?他们能设身处地地理解别人的出发点吗?他们是否能用心聆听,而不是只用脑思考?他们能否为他人留出一个表达感情的爱的空间,而不是非要立刻插手解决别人的问题?"

如果有人满足了以上所有标准,这个人的共情力商数就很高。如果只能满足少数几条甚至一条也不满足,那么这个人的共情能力就可能有所欠缺甚至严重不足。虽然共情可以通过有意识的觉知和专注地聆听来培养,但对一个人当下的共情能力做出界定也是很有用的。在构建亲密关系和选择吐露心声的对象时,应该将对方的共情力商数考虑进去。

这个世界需要更多具有共情能力的领导者、父母以及各行各业的人。共情能让你理解他人的立场,即便你不同意对方的观点。共情能弥合分歧,也能让你与他人的沟通更加顺畅。

确立当日目标

我要在生命中选择那些有共情能力并充满爱心的人。我要留心对方的共情力商数,从而客观地判断对方有多么体贴和理解他人。

11月9日

增强免疫力

要想增强免疫力，基本策略之一就是获得充分的休息和独处时间，让感官过载得到缓解。接受过多的刺激时，你的免疫功能可能会因为你的生化压力反应而受损，而这又会反过来对你的肾上腺造成负担，从而导致自身免疫性疾病。定期冥想和锻炼等自我关怀技巧能帮助你保持镇定和快乐，减少出现肾上腺疲劳的风险。

随着秋冬流感季节的到来，给自己制定一份包括蔬菜、水果、坚果、种子类食物和维生素 C 补充剂的健康食谱，不啻为一个好习惯。你还可以服用益生菌来平衡肠道菌群，也可以食用能增强免疫力的香菇等菌菇类食材。经常洗手也能减少细菌对你的侵害。平复情绪，避免奔波，减少与让你筋疲力尽的人的接触，从而减少压力，也能增强你抵抗疾病的能力。

确立当日目标

我要通过健康和积极的活动来增强免疫力。我不会允许对疾病的忧虑支配我的思想。

11月10日

保持心情舒畅

今天,把注意力集中在心情舒畅上。享受用双脚、双眼、鼻子和双耳去感受生命创意的乐趣。高高举起双臂欢庆。将意识集中于放松的身体部位,而不要纠结于病痛、烦恼或自身局限。细嚼慢咽,享受不同食材的口感。带着正念喝一杯水。选择积极而充满希望的想法,不要助长任何打破你心灵宁静的消极或焦虑的念头。通过将觉知转移到良好的感觉上,你可以选择正确的思维方式,将注意力放在健康的、鼓舞人心的、与你最强的幸福感相契合的事物上。

确立当日目标

我要为自己专注的感觉和思想负责。我要允许自己心情舒畅,积极向上,体验不被打扰的快乐。

11月11日

规律作息

制订一个日常作息计划，这能为你的生活提供一个安全稳定的容器。作为一个敏感之人，你或许会在一天中体验到许多情绪、思想以及灵感。拥有一个稳定的环境，能够让你静下心来。例如，在某个固定的时间醒来，按时吃饭，每周都分配好时间工作、玩乐、锻炼和冥想，这样的作息提供了一个不会让你感到拘束的框架。从另一方面来说，如果你的日程安排得很混乱，或者在社交或独处上花了太多时间，就会引发你内心的混乱和不安。

写书的时候，我会处于一种不受时间影响的不同于以往的状态。因此，我偏爱一种几乎一成不变的日常作息。我喜欢早睡，在同一时间点吃饭，在同一地点工作。这样的安排让我对突然闪现的灵感保持开放的心态，也控制了分散注意力的人或事。

花时间制订一套你喜欢的规律作息。你是个早睡早起的人吗？你喜欢什么时候吃饭？何时工作效率最高？你喜欢在晚上、下午还是早上冥想？了解这些偏好，能给你带来既舒适又自由的感觉。

确立当日目标

我不会把每天的日程塞得满满的，而是会构建一个能够满足我对规律生活的需求，同时也为心血来潮留出空间的作息计划。

十一月　351

11月12日

关注美好

专注于与和你同住的人（包括你自己）开心相处，而不是执着于对方的缺点。为陪伴、欢笑以及人际交往所带来的快乐而心怀感激，不要把任何人或事当作理所当然。无论是分享食物、谈论你的一天还是闲聊等无足轻重的小事，其中都包含着神圣的东西。回顾你的生活时，那些微不足道的时刻常会凸显出举足轻重的意义，我们人生的经纬就是由它们组成的亮眼线条编织而成的。让每一次微笑以及伴侣的每一句"晚安，亲爱的"或"下班见"，给你带来被爱与满足的感觉。

另外，也要对自己表示肯定：无论是你的一举一动、你的行为方式、你的外表，还是你与他人的互动模式。我们太容易陷入自我批评或只看到不足的消极心态中。认清这个诱惑，选择专注于美好的事物，避开这个陷阱。生活是如此美好，通过欣赏的双眼来看待自己和他人，能让你对自己和家庭生活感到满足。

确立当日目标

今天，我要关注并接纳自己的家庭和家人，也包括我自己。家，是心灵停泊的地方。

11月13日

莫回首

过去是你个人经历的一部分，它帮助你塑造了今日的自己。但是，你要面对的是当下的现实。有太多人深陷在过去无法自拔，仿佛被流沙淹没。多加留心，不要让这种事发生在你身上。

与其回顾过去，不如在生活中继续前行。不要让自己陷入曾经的失望、痛苦、背叛或艰难时光中。要从中学习经验，不要重复同样的错误，然后继续前进。另外也要注意，不要神化曾经的爱人、导师或朋友，这会导致你现在生活中的任何人都无法达到那样的理想标准。要认识到过往的快乐和失意带来的经验教训，然后继续生活，继续学习。

当下的光芒清晰而明亮。你的未来尚未展现。凝视天空中翱翔的红尾鹰或刚刚落下的白雪，倾听树间呼啸的风声。保持清醒，看着爱你的人对你微笑——这是一件多么美好的事情。感受他们眼中和心中闪耀的光芒。

确立当日目标

我不会被过去的苦乐诱惑。我要专注于当下这一刻的珍贵。

11月14日

选择光明

有这么一条放之四海而皆准的处世哲学：永远向往有爱和光明的地方。凭借直觉，你很容易就能发现这些地方。它们是让你的灵魂感到积极和受到滋养的事，是关爱你、体贴你、为你挺身而出而非置你于不顾的人。

有时候，你置身于人生的十字路口。你可以选择通往爱与光明的道路，也可以选择痛苦和挣扎的道路。问题是，后者或许显得更加刺激、诱人甚至危险。就这样，你迎难而上，选择了更为狂野的道路，而不是那条更好走（也很诱人）但往往不那么显眼的爱之路。这两条路没有好坏之分，只是有的选择可能会带来更多的伤痛。

你要对自己的决定负责。无论你选择哪条路，都要从每件事中汲取经验，包括你经受的痛苦和折磨。当你准备好时，爱永远会伴你左右。

确立当日目标

我能够主宰自己命运，我的路由我选择。我要踏上那条通往光明的路。

将不悦感降至最低

淡化那些不太严重的，尤其是你无力弥补的不悦感，是有诀窍的。人无完人，谁都会犯一些把事情搞砸的无心之过，但如何面对这些过错取决于你自己。你真想耗费自己的生命力，为车门在停车场被人蹭花或伴侣忘了顺路去市场买东西而烦恼吗？

若能优先考虑真正重要且值得为之付出精力的事情，你就能更加明智地应对。日常生活中总有磕磕绊绊，你要么对抗，要么接受，花一整天反复琢磨明明 10 分钟就会自行消散的不悦感并不明智。要学会将不甚重要的烦恼最小化，以从容的心态去处理较大的麻烦。

确立当日目标

在为什么事情而烦心这个问题上，我是有选择权的。我不会允许无足轻重的烦恼耗费我的精力，让我失去镇定或是将快乐从我的生活中夺走。

11月16日

关注情绪天气

敏感的天性会让你容易受到情绪的影响，随情绪而起伏是很重要的。诀窍就是与你的情绪天气保持协调，情绪天气也就是从焦虑到快乐之间的情绪波动，让这些情绪从你的体内穿过，然后消散。

和地球上的天气变化一样，你的情绪也会从晴朗变为阴雨、晦暗、清冷的雾天或刺穿云层的阳光。有时候，你的心情会处于冰冷或炙热的极端。我的伴侣常常会问我："朱迪斯，你今天的情绪天气是什么？"我会与他分享。由于我的情绪时常会有小的波动，偶尔也会出现剧烈的变化，因此我的分享会让他对我当下的心情有更好的了解。他关心我的心情，因此也重视这些信息。在恋爱关系中，你也可以安排类似的"打卡"。

若能将情绪的自然波动看作你难以捉摸的心绪的一部分，你便能逐渐适应这些波动，并感受到它们带来的滋养。每当强烈的情绪打破了你的平静，请记得将注意力拉回你的内心。

确立当日目标

我要持续留意自己的感情和情绪。我要跟踪记录自己的情绪天气，更好地与自己的内在状态和谐相处。我要将自己的情绪变化传达给支持和理解我的人。

11月17日

不向缺乏同理心的人敞开心扉

研究表明，有些人会表现出缺乏共情力的迹象，十足的自恋者、反社会者以及精神变态者都属于这一类人。很不幸，这些人的同理心并未发育成熟，或是因受虐和被自恋的父母抚养等早期创伤而被毁掉。现今的科学家推测，与具有共情能力的人相比，这些人的神经系统回路是不同的。

虽然这些人乍看上去也许魅力十足或温柔体贴，但这只是一种一旦深入接触就会崩溃的表象。尽管或许难以理解，但患有共情缺陷障碍的人对自己违背良心的行为几乎毫无察觉，也不会因此而悔恨。

对你的人际关系进行一次实事求是的评估，找出你生活中缺乏共情能力的人。在此之后，要么降低自己的期望值，要么与他们减少联系。不要把你至深的感受倾诉给他们，而是要去寻找那些能够用仁爱之心来回馈你的敏感之心的人。

确立当日目标

我不会对那些有自恋倾向的人抱有不切实际的期望。我不会向任何缺乏共情能力的人敞开心扉，无论对方起初显得多么善解人意或让人难以抗拒。

十一月

11月18日

商定"安全词"

与伴侣、同事或朋友交流时的一个好用的策略,就是商定一个"安全词"或"安全信号",并在谈话令人尴尬时发出信号。比如,如果你的伴侣喜欢在社交场合喋喋不休,就商定触摸左耳或晃一下"和平手势",以此提醒对方把话收住。或者,你们也可以选择"羚羊"、"日落"或"慈悲"等词语,在朋友想从某个社交场合抽身回家时使用。事先商定一个策略,能够帮助你们避免尴尬,维持关系的健康发展。

> **确立当日目标**
>
> 我要选出在社交场合使用的"安全词"和"安全信号",以避免无效或有害的沟通。这一策略能够提醒我,让我免于弄巧成拙。

管理待办事项清单

你对待办事项的态度,会对你的压力水平产生巨大的影响。你要知道,每天的任务都是无穷无尽的,虽然你偶尔能把事情都做完,但清单往往会越变越长。

如果你的待办事项清单是你醒来后想到的第一件事,那么这绝对会让你的一天伴随着压力开始,所以,请转换一下视角。理想的状态是慢慢醒来,而不是心脏怦怦直跳或满脑子都是你必须完成的任务。抛弃"我能完成一切"的理念。你做不到。没有人能做到。因此,放松点儿吧。活着的每一天,都是一份福气。没错,的确有许多需要解决的实际问题,但请带着正念,一个一个地处理。将必要事项放在优先位置,其余项目留待以后处理。

把你的待办事项清单当作一位精神导师,从中学会以同情待人、不疾不徐地处事和安住当下,这能减轻不切实际的目标带来的压力。

确立当日目标

我不会被过长的待办清单困扰,也不会强迫自己完成任务。我要循序渐进地完成这份清单,这就足够了。

11月20日

保护眼睛

你的眼睛赋予你神奇的视觉感知，你应当好好照顾它们。请多加留心，不要因在电脑前长时间工作或努力想要看清手机上的小字而使其过于疲劳。要想缓解双眼的疲劳，请在一天之中一次或多次进行以下练习：

花几分钟的时间让自己安静下来，以舒服的姿势坐好。闭上双眼，用一只手掌轻轻依次罩在双眼上。这能让双眼从光亮和运动之中得到休息，使它们自然放松。做这个动作的时候，将注意力集中在胸腔正中的心之能量上，让这种能量所传达的喜悦和疗愈感沿双臂流至手掌，然后温柔地按摩双眼。这个动作具有安抚功效，能释放双眼周围积存的压力。

确立当日目标

我要积极维护眼部健康。我会定期让双眼从压力和长时间的过度使用中得到休息。

11月21日

和好友聚会

在平时或节假日期间,你或许更喜欢和几个好友待在一起,而不是出席大型聚会。如果你更习惯与一个或几个人共处,就尊重自己的需求。或者,如果你更喜欢一个人待着,也没问题。如果出席了大型聚会,你可以与你喜欢的人坐在一起,不时进行短时间的休息,让自己重回当下。在席间寻找那些能与你一起说笑且有话可说的人,找到属于自己的乐趣。如果你是个外向的高敏感人士,你也可能喜欢融入更多的人,但请在事后留出放松的时间,整理心情,释放压力。

确立当日目标

我不会因屈从于外在压力而参加大型聚会,我只参加我想要出席的聚会。如果有需要,我会只和几个人共处或独处。

11月22日

不要应承太多社交活动

如果习惯讨好别人，你就可能因为不懂得拒绝而感到心力交瘁。到头来，你会在节假日接下太多办公室派对、家庭聚餐或其他活动，逐渐感受到过度应承带来的疲惫。但反过来看，假日其实是一个控制自己依赖倾向的绝佳时机，可以防止自己为博他人欢心而筋疲力尽。

仔细检查你的日程表，避免安排太多的活动。另外，作为权宜之计，你可以在聚会上短暂露面，而非待几个小时。如果你羞于说"不"，或是还没有完全接受自己难免会让别人失望的事实，那么你要花更多的时间好好思考，看看能否有更深的体会。要明白，满足别人的需求并不是你的义务。在节假日期间和之后，请给自己不过度应承的自由。

确立当日目标

为了自我关怀，我要避免应承太多的社交活动。随着一年走向尾声，我也要逐渐放松下来，空出一些时间，进行自我反省和补充精力。

11月23日 提防"能量吸血鬼"

你的人际关系的质量会影响你的身心健康。有些人会提升你的能量，另一些被我称为"能量吸血鬼"的人则会消耗你的能量。无论是社交活动增多的节假日，还是平时任何时候，作为自我关怀的方式之一，请留心那些让你身心俱疲的人。

如何判断自己是否遇到了能量吸血鬼？在遇到这种人时，你的眼皮会越来越重，昏昏欲睡。刚才还好好的你，情绪突然急转直下，比如焦躁、沮丧或愤怒难遏。或者，你会觉得自己受到了攻击、批评或责难。训练自己注意这些警示信号。

做好迎接能量吸血鬼的准备，学会随机应变。在聚会上，不要跟没完没了的抱怨者或喋喋不休的人坐在一起。不要让自己被朋友的苛刻言语激怒。不时离席去洗手间，以排解压力，回到当下。或是利用我在9月11日讨论的"呵护泡泡"技巧来保护自己的能量。另外，在日记里记录生活中的能量吸血鬼以及应付他们的策略，也很有帮助。在与这种人共处时实践自我关怀，你就能保护自己免于能量耗竭。

> **确立当日目标**
>
> 我要提防生活中的能量吸血鬼，不把自己的能量让给他们。我值得拥有能让我满足和充满活力的人际关系。

11月24日

心怀感恩

这是一年中对自己所受的恩惠表达感恩的理想时机。感恩是一种富有灵性的行为，你是在向所爱的人、同事以及生命传达感恩的信息。即便你觉得自己的生活不尽如人意，也要心怀谦卑地专注于你所得到的恩泽上。

问问自己："我应该感恩什么？我的健康？活动自如的身体？清晰的头脑？还是经历了重重挑战后仍有爱的能力？"你的朋友、家人和宠物呢？你的住所、汽车、工作和富有营养的食物呢？

你可以在内心默念："我感恩生命。我感恩每一个爱我的人和我爱的人。我感谢地球、鸟儿、天空和海洋。"请根据自己的情况补充。除此之外，你还可以直接向他人表达你的感激之情，告诉他们："谢谢你出现在我的生活中，你无法想象你为我的生命增添了多少精彩。"即使是只言片语，也承载着浓浓的感情。

一年的这个时候——其实是一年中的每一天——都是一次表达感恩的神圣契机。

确立当日目标

我要专注于我要感恩的一切，让心灵感到满足和充盈。我要为我生命中的爱心怀感恩。

养精蓄锐

在长时间社交或置身于公共场合后，给自己一些时间来养精蓄锐。即使你从更频繁的人际交往的刺激中得到了乐趣，也会在接下来的一两天里产生"情感宿醉"。除此之外，你还可能发现自己从别人那里吸取了多余的情绪。如果不间断地参加活动，大多数高敏感人士都会感到不适应。现在，不要再安排任何活动了。花些时间保持静默，静坐，摆脱情感宿醉，将你吸收到的压力通过呼吸释放出去。泡一个悠长而奢华的澡，让流水冲走你的烦恼。沉浸在冥想之中，净化你那精巧的能量系统。或者，你也可以早些入眠。少说些话，好好休息，花时间独处，恢复精力，找回你的生活重心。

确立当日目标

我不会把所有活动都安排在一起，而不给自己留出喘息的时间。我要在接受了社交带来的较强刺激之后留出恢复精力的时间。

11月26日

万物相连

你与包括你的亲人在内的所有生命都是相互关联的。我们这个世界的一切事物都充满生命的能量。对我们的直觉而言,这是一个深入细胞层面的真理。虽然你是一个独立的存在,但尊重你与世界上所有人的关联仍是一种充满敬意的行为。我心系陌生人和地球上所有遭受苦难的人,尽管我不会将他们的痛苦担在自己身上。我要认识到先辈的智慧,也要感受到孩童的纯洁。

或许我们从未谋面,但你的生命对我而言很重要,我为你的快乐而欣喜。我希望你平安喜乐,一切顺遂。如果你受到伤害,我的心与你同在。本着这种精神,我要拥抱我所有的人际关系,拥抱生命的全部,以及无限的未知。

确立当日目标

我要始终记得,我属于所有由有灵万物构成的紧密能量网。我要始终记得,我与所有人类和地球息息相关。

11月27日

聆听地球的呢喃

有人说，如果在开阔的沙漠中走得足够远，你就能听到被称为"索诺拉"的地球的古老嗡鸣。如果你足够安静，足够深入内心，如果大自然的静谧允许你觉知她的存在，那么，你便能听到地球发出的原始之声。

研究人员认为，地球不断发出的嗡鸣声源自海底，这是地球本来的声音，其频率低于人类通常能够捕捉到的水平，但远古和现代的敏感之人能在新墨西哥的陶斯和南加州的安扎博雷戈沙漠等地听到这低沉的声音。他们说，这声音能给人充实、满足、扣人心弦、神秘莫测的感觉，它仿佛与狂风肆虐的沙丘同鸣，与冬夏二至日低吟的月亮共振。在安静的时刻寻找这种声音，让它将你与生命的振动相连。

确立当日目标

我要铭记，宇宙的广袤可能超越科学认定的可能性。我要拓展我的直觉，感知生命的奥秘。

11月28日

虚心接受他人的反馈

每个人都有筋疲力尽的时候,所以,坦诚而不加戒备地对自己的行为负起责任非常重要。你或许本不想耗损别人的精力,但还是暂时陷入了抱怨、不知感恩或批评挑剔的怪圈。如果真是这样,也不要自责。

你要做的,就是审视整体情况,然后快速扭转你的行为。以同情之心对待自己,陷入你认为已经丢掉了的情感旧习中也没有关系。或许,在没有得到外部反馈的情况下,你便能认识到自己的失误并进行自我纠正。若别人有勇气对你的举动做出善意的提醒,那么回应一句"谢谢你指出来,我会多加注意",就是对此提醒表示承认。如果你成为能量吸血鬼,你就会一直对自己的行为浑然不觉,并继续将之强加给别人,这才是问题所在。因此,关键在于保持自我觉察。真正强大而自信的人能够意识到自己的行为,也能为之负责。他们会将自己的"小我"放在一边,融入有意识、有爱心的交流互动之中。

> **确立当日目标**
>
> 如果我也是一个能量吸血鬼,我就必须以开放的心态接受别人的善意反馈。我要意识到自己的行为,并努力转换到一种更为积极的状态。

11月29日

赠人玫瑰，手有余香

给予是爱的语言。服务于他人和世界是很令人兴奋的，付出一分，你便会得到一千分的回报。发自内心地给予能使你焕发光芒。善举虽小，其意义却不容忽视。人生旅程中，你会遇到许许多多的机遇，即使在匆忙赶路时，也请为拄着拐杖的老人或手忙脚乱带孩子的母亲多开一会儿电梯门。在银行排队时，让那个上班要迟到的陌生人站在你前面。把垃圾从地上捡起来。对你的伴侣或同事说："你今天真好看。"

调整你的生活方向，每天都要合理、适度地服务他人，但不要过度付出（这会让你筋疲力尽）。为彼此和地球服务，是我们神圣的职责。不用担心你做得太少。我热爱小小的善举和它散发的微光，还有相互伸出援手的陌生人之间的淡淡一笑。如果能把握给予的分寸——你的身体信号和能量水平会给你提示——你就能感受到内心的喜悦，还会成为更高能量想让你成为的人间天使。

确立当日目标

行动胜于雄辩。我要体验服务他人的快乐。我要做有助于他人的事，为所爱之人减轻负担或责任。

11月30日

酝酿

与胎儿在子宫内孕育一样,这里的"酝酿"也是指一种由内而外的创造性成长的过程。有时候,你或许会过于激进地推进目标,以至于留不出足够的时间来酝酿孵化你的愿景、关系或个人发展。但是冬季有助于我们从蛰伏与宁静中学习,为春天的重生做好准备。短暂的白昼和漫长的黑夜有利于深层次的冥想练习,能助你扎根于大地,找到自己的重心。

你得到召唤,要向内寻找答案。你要沉默寡言,多聆听寂静之声。当你那活跃的大脑退到一边,让灵感与启示浮出水面时,创意的冲动便会在虚空中闪现。你只需全然开放,止语静心。你不必努力召唤出任何东西。随着黑暗的积聚,臣服于生命的奥秘,这能引导你找到内在之光。

> **确立当日目标**
>
> 我要留出时间,让灵感在至静的灵魂中形成,以此推进我内心深处的酝酿过程。

十二月

学会珍惜,
一切都是最好的安排

12月1日

初雪之魔力

在某个寒冷的日子里,你或许会看到第一片洁白无瑕的雪花从天而降。它们就像小块的棉花,轻如羽毛,以多变的方式让大地的棱角更加柔和。宁静的雪点缀着天空,装点着光秃秃的树木、草地和混凝土城市。如果温度足够低,雪花便会凝成冰柱,这是水元素一种令人叹为观止的转化。

第一场雪带来了一个全新的开始。大自然正在告诉你:"开启一个全新的阶段吧。精神抖擞,焕然一新,沉醉其中吧。"积雪或许能覆盖所有脚印,让全新的道路展现在你的面前。无论你是透过窗户看着第一场雪落下,还是在大自然中或者新闻里看到,都请暂停片刻。雪是一种环境净化剂。请细细欣赏雪的精致之美。另外,你也可以观想一片宁静的雪花落在你的身体里,将你的锋芒软化。

确立当日目标

我要留心第一场雪的魔力。正如地球开始进入另一种富有创造性的周期,我也要做好迎接自我改变的准备。

12月2日

慢生活，细品味

你是否觉得时间过得太快了？一天、一周、一年，是否一眨眼就过去了？当你的生活中充满生机和活力时，时间就会加速。不过，匆忙、过度思考或过于忙碌，也会让你与更加缓慢而自然的生命节奏渐行渐远。

集中注意力，用一种慢镜头式的凝视细细体味时光流逝的圣礼。安住于你当下正在做的事情，而不是任由思绪四处飘散。对准备早餐或遛狗这些日常活动投入全身心的关注。感受一下这些时刻的勃勃生机。

用5秒钟凝视一朵玫瑰，而不是匆匆一瞥或视而不见，这样，你便能体验到花的本质，而不是做一个不屑奉上注意力的匆匆过客。用双眼、双耳和心灵去追逐时间，热爱时间对你的所有恩赐。

确立当日目标

我不会像个旁观者一样冷眼看世界，我要体验万事万物散发出的神奇的生命力，这能帮助我细细体味时光流逝的圣礼。

12月3日

热水袋的慰藉

使用热水袋是一种古老的治疗方法，这样做可以减轻疼痛，缓解焦虑，还能温暖床铺。小的时候，母亲经常用热水袋来给我温暖，缓解我的不适。曾经有一段时间，热水袋似乎有些过时，被更实用的电热毯取代了，但前不久，一位朋友又将它重新带入我的生活。热水袋已经成了我的养生之道的一部分，为我的生活增添了一抹亮色。

热水袋的疗愈功效深得我心。它让人感到安全和舒适，在冬天的严寒中尤为如此。它既能成为你温暖的朋友，也能为你缓解疼痛。双脚冰凉时，你可以把热水袋挨着脚放，另外，热水袋还能缓解背痛时的肌肉紧张。它能帮助孩子和成人在睡前放松下来，更加平静地入眠。送自己一个热水袋作为礼物吧，让它给你带来绵长的放松感。

确立当日目标

我要在身边放一个热水袋，以缓解不适，帮助我放松下来。我将从它的温暖亲切中得到慰藉。

12月4日

与动物朋友融洽相处

花上一天的时间,与你的动物相拥。动物有一种本能,能在你身上找到最能带来放松和疗愈的点。你的狗狗会毫无畏惧地用充满爱的眼神望着你,你的猫咪则会蜷缩起来,在你的胸口发出幸福的呼噜声。用心感受它们传递的积极能量。这些动物都是专门被派来提供安慰和关怀的可爱天使。

动物能给予我们无条件的爱。无论你有多么心烦意乱或失魂落魄,它们都会以忠诚之心待你。它们总会陪在你的左右,抚慰你的悲伤。如果家里没有养小动物,你也可以去看看朋友家的猫猫狗狗,享受它们的天真和热情。

让自己接受动物的爱,特别是在寒风凛冽的日子里,与它们相依,安心享受它们的陪伴。

确立当日目标

我要全身心地与动物共处,从它们赠予的厚礼中汲取养分。与动物建立联系,是给予爱和接受爱的良方。

12月5日

自由圆融

顽固不化会使你的能量流和健康流受到阻滞。当身体或感情受到威胁时,出于一种自我保护机制,你或许会紧张起来。

在自然界中,固化有其积极的作用。例如,冰就是固态的水,南极的冰盖能够维持气候的稳定,北极熊需要在坚冰上捕猎和生存。同样,我们也必须知道何时该顽强不屈,坚定沉着。

然而,如何在不让自己的正直打折的前提下少一些固执,并在无损灵魂的情况下满足他人的需求,这才是我们面临的挑战。所以,请不断审视各种方法,让自己变得不那么紧绷、冰冷而不知妥协。反思那些激起你固执态度的因素,思考如何让这些恐惧消融。随着恐惧的减少,你的固执也会有所减轻。请慢慢让你体内紧张而压抑的部分融化。

确立当日目标

我要做到坚定但不固执。我要自由圆融,但也要明白自己的界限在哪里。我要留心自己何时会变得固执己见,好把自己调整到一个更能灵活变通的状态。

12月6日

极光之美

北半球的北极光，是一种令人心醉神迷的天空"灯光秀"。（南半球的极光被称为南极光。）在冬天，看到极光的概率更大。我还是个孩子的时候，就被极光的照片深深吸引。夜空中那波浪形的五彩光芒，在我眼中是如此奇幻。

想象极光围绕着你身体的情景，而你，就是那变幻莫测的彩虹般的存在。即使在恶劣的环境下或无法触及光明时，你的光芒也依然存在。

秉承这种觉知，请将极光铭记在心。你甚至可以到冰岛或阿拉斯加等地开展一段朝圣之旅——在那里，极光是肉眼可见的。这是我终有一天要去实现的梦想。

确立当日目标

极光反映了我体内发出的光芒。我要就极光进行冥想，感受从我体内散发出的炫目光芒。

12月7日

感受假日的温馨

冬日的假期能给人带来一种轻松愉悦的感觉。点缀着橱窗的蜡烛和天使等带有节日氛围的装饰，仿佛具有一股魔力。肉桂、加奶泡的热巧克力、姜饼和松树的香味在空气中飘荡，小狗穿上了可爱又暖和的毛衣。此外，我还会因合唱音乐和格里高利圣歌的神圣和声而动容，这声音中弥漫着浓重的中世纪的神秘色彩。

可是，对于那些会因人群、商铺、噪声、饮酒、社交压力以及强颜欢笑的要求而感到不知所措的敏感人士而言，这可能是一个充满压力的季节。在我还单身的时候，看到那么多其乐融融的家庭和恋人，我会备感落寞。在冬季的节日期间，我很容易产生落单的感觉。为了对抗孤独，我会与几个好友保持密切的联系，如果你正处在这种境况中，那么我建议你试试这一招。

如果愿意，你也可以去帮助那些有需要的人，或是邀请一位朋友共进午餐。用给你带来美妙感觉的方式为他人付出。不仅如此，如果能专注于爱、给予及灵性重生所焕发的力量，那么这个月的你便能发掘到让人备感振奋的能量。

确立当日目标

我要在冬季的节假日中寻找快乐，也要对我得到的恩泽表示感恩。无论到哪里，我都会发掘出属于自己的乐趣。

12月8日

避免拥挤

在节假日期间,整个世界都变得异常拥挤。在人潮之中,请特别留心自我关怀。你可以考虑减少与人们的接触,因为能量场会在人与人靠近时出现重叠,因此,敏感的你或许很容易将别人的压力吸收到自己身上。

如果去购物中心或大型商店,或者其他人山人海的场所,请确保自己已经得到充足的休息,并事先摄取一些蛋白质,让自己平静下来。持续深呼吸,将多余的能量排出身体,腾出几分钟时间,在长椅上或卫生间里静坐或冥想。不时小憩,补充体力,这能帮助你更好地保持专注,不易流失精力。这样,你就能够一边捍卫自己的能量,一边在这个季节的节日气氛中轻松地寻找快乐了。

> **确立当日目标**
>
> 我要在人潮汹涌的场所练习自我关怀,以免感到不堪重负或将别人的压力吸收到体内。如果没有平静下来并做好迎接挑战的准备,我就不会到拥挤的环境中去。

12月9日

一切都是最好的安排

当天空乌云密布,每天都感到举步维艰时,请记住,一切自有安排。当你感到快乐、满足或最珍贵的愿望得以实现时,也请记住,一切自有安排。你生命中的机缘是经过完美编织的,没有什么失衡可言。没有什么是无目的或无意义的,你也永远不是孤身一人。无论在生命中的哪个阶段,都有某种力量在守护着你、指引着你。你需要尽力去疗愈自己,克服种种障碍,即使在孤单、沮丧、无法化解障碍时,也请记得,答案终有一天会到来。

这就是信仰的作用。当你以这种宽广宏大的视角来审视整个人生,将困难和恩惠尽收眼底时,你就会与自己的命运紧紧相连。

确立当日目标

我要相信,我遇到的每一件事都带有一条神圣的启示,能帮助我的灵魂不断进化。我要相信自己的直觉,相信自己正走在正确的道路上,无论这条道路是平坦还是崎岖。

12月10日

长长久久

一般来说,"长"这个字不仅可以用来形容寿命,还可以用来形容一段长期的关系、事业或一种持久的信念。我非常重视家人和那些与我相识数十年的朋友及读者,是他们见证了我一路的改变。

认真思考,你经历过哪些长久的事物。哪段长期的人际关系或持久的个人价值观给你带来了慰藉?用年份来计算,你存在于这个星球上的时间,有没有达到"长寿"的标准呢?变老有什么好处吗?比如在心智和精神上更有觉悟?积极的信念是如何帮助你保持活力和乐观心态的?只要保持心灵的开放和纯净,你在任何年龄都可以熠熠生辉。

确立当日目标

我要感恩生活中各种长久的事物,包括变老的过程。我要怀着焕然一新的感激,审视那些经受了时间考验的美好关系和境遇。

12月11日

学会珍惜

每一天,我们都继续着这段无可回避的精神之旅。我们在地球上的停留是短暂的。

当时机到来时,我们每个人都将跃向彼岸。除此之外,别无他法。与此同时,你心爱的伙伴能提供给你在这片土地上最好的陪伴。其他高敏感人士也是你的家人。珍惜这些灵魂之友吧,他们会给你带来慰藉,也是人生旅途中可以与你交流的志同道合的朋友。每一个瞬间的流逝,都让我们更加接近永恒,让我们像能够欣赏万物之宏伟的探索者一样,一起走向彼岸。

> **确立当日目标**
>
> 我会带着谦卑和敬畏迈出"回家"的每一步。我要感谢每一位帮我减轻负担的旅伴,感谢他们一路与我分享爱与欢笑。

12月12日

月光浴

请沐浴在月亮带来的圣洁的白色光辉和感性体验之中。山上或水中的月光，能给你注入代表温柔和接纳的阴性能量。当白雪反射月光时，夜晚就会变得更加明亮。我的浴缸上方有一扇巨大的窗户，可以让月光倾泻而下。沐浴时，我便沉浸在随着我的动作而浮动的液体光带之中。

高敏感人士对月亮周期有着不同的反应，请留心自己的情绪波动。潮汐受月球影响，我们的生理机能也会随之变化。试着在满月的时候沐浴月光，在这一时段，高敏感人士可能会感受到精神或情绪尤其高涨，有时甚至会失去平衡。另外，也请留心新月对你有何影响，你或许会感到更加平静和安宁。

月光会净化你的能量，这是种很有趣的体验。找一个看得见月亮的地方，专注于它的光芒。到外面走一走，到浴缸里泡一会儿，或只消仰望它在空中熠熠生辉。月亮永远不会抛弃我们，它永远在那里，给我们以亲切的话语和温柔的祈祷。

确立当日目标

我要练习用月光浴来清除消极情绪和压力。我要敞开心扉接受月光的柔美，让它给我的灵魂带来慰藉。

守静笃

静止是一个开阔的空间,是一片无为与静谧之地。这属于典型的直觉范畴。当思绪平静下来,身心安宁时,灵感自会到来。

科学表明,沉默与静止对我们的大脑有益,过多的噪声则会缩短我们的寿命。随着数字世界的信息的大量输入,我们的大脑能够处于"关机"状态的时间越来越少,我们必须不间断地处理海量的信息。但是,只要环境中的感官刺激减少,我们的大脑就能恢复清晰的认知。花些时间安静独处,能让你的思想放松下来,让你从长时间的专注中得到休息。当你不赶时间,不用面对排得满满的日程表时,身体也会松一口气,随之沉静下来。嘈杂的世界会淹没你的创造力,但寂静会帮你更好地理解人生。

一年中的这个时候往往充斥着噪声和忙乱,因此请留心捕捉感官超载初期的迹象,以便迅速抑制你的活动水平,让自己安静下来。

确立当日目标

我知道,过多的噪声和活动会带来过度的刺激。我要腾出无言的寂静时间,让我的大脑从噪声和信息过载中恢复过来。

12月14日

祈祷的力量

祈祷时，你就是在请求宇宙的仁慈之力赐予你庇佑、明晰的头脑以及关爱。通过向比你更伟大的力量寻求帮助，你就超越了小我和逻辑。在这种谦卑而开放的状态下，你的祈祷一定会被听见。但是，没有谁能保证你的祈祷一定会按照你的期望实现。有时候，没有得到回应的祈祷，才是最伟大的恩赐。

祈祷是一种发自内心的态度。祈祷能够将你重新调整到充满希望的状态，像音叉一样让你找到绝对正确的音准。当你困惑或疲倦时，乐观显得那么遥不可及。但是，正如默片演员多萝西·伯纳德所说："付诸祷言的恐惧，便成了勇气。"祈祷就是向更高能量敞开心扉，然后允许心被填满。诗人C.K. 威廉姆斯写道："我将虚如空杯，那便是祈祷。将自己清空，然后让一种除我之外的物质将自己填满。"

不要祈祷具体的回报，要为自己或他人的至善至福祈祷。有时候，表面的好事会变成坏事，而本该糟糕的事情却转变成了好事。祈求至善至福之所以能让更高能量以最纯洁、最完美的方式来回应，原因也在于此。让自己毫无杂念地成为一个装载祈祷的开放的容器，任由答案自己出现。

确立当日目标

我要通过祈祷来触及无限之爱。我要真诚地为至善至福而祈祷。

12月15日

助人之乐

你可以通过多行善事来保持内心的强大。如果有人需要帮助,你就可以勇敢地向他伸出援助之手,然后,用心感受助人的恩典。如果你将保持善良、乐于助人当作你的人生之道,就会让你的敏感之心充满力量。

确立当日目标

我要尽己所能,多行善事,"勿以善小而不为",帮助他人,使我的敏感之心更加强大、充盈。

12月16日

应对季节性情绪失调

高敏感人士往往对自然光线的变化很敏感,这使他们很容易患上季节性情绪失调(SAD)。这是一种始于白昼缩短的秋季并终于春季的抑郁症,症状包括嗜睡、社交孤立、动力不足、注意力难以集中,以及暴饮暴食(尤其是碳水化合物)。你的情绪就像精确的齿轮一样,与每季可得到的阳光息息相关。

如果你患有季节性情绪失调,光照治疗或许有所帮助。每天早晨在灯箱前坐一个小时,你的症状就会减轻——明亮的人造光能够弥补日渐减少的阳光。另外,维生素D不足也与季节性情绪失调有关,因此,医生会建议患者每日吃些营养补充剂,也可能推荐你进行心理治疗或偶尔服用抗抑郁药。

由于季节性情绪失调会加大你对独处时间和低刺激环境的需求,你可以通过冥想和锻炼来提高血清素(你体内的天然抗抑郁药)。身陷季节性情绪失调时,你也许想拒人于千里之外,但还是应该尽可能鼓励自己与充满爱的人相处。健康的人际交往有疗愈作用,我们能够成为疗愈彼此的良药。

确立当日目标

身陷季节性情绪失调时,我会多给自己一份充满爱的自我关怀。我要将这段经历视为一位良师,帮助我培养更深的自我同情之心。

12月17日

结束就是开始

十二月为一年画上了句号。反思一下自己取得了哪些成果，为没做完的事情收尾。考虑一下你的人际关系、工作和财务状况。你需要填补与朋友或同事之间的裂痕吗？还有哪些未能表达或了断的感情？你想要完成工作中的某个项目或决策吗？有哪些能够结清的债务、财务责任或遗留手续？或许，某段友谊或恋情在今年画上了句号，也可能某个你爱的人已到了"彼岸"。让自己充分感受心痛，彻底地告别。这样，你便不再需要压抑自己的失落，而是有能力将思绪斩断。

一扇门关闭时，总有另一扇门会敞开。了结能够带你下定决心或做出结论，这意味着终结，意味着你已经完全接受了某人或某事的本来面目，而你也因此变得更为完整。没有尚未解决或搁置的问题，没有积怨，没有未了结的愤怒。该说的都说了，你可以轻装上阵，踏上一段新的旅途了。

确立当日目标

我要找出生活中需要了结的部分，着手为之画上句号。这样一来，问题便得到了终结，而我也可以继续前行，重新开始了。

十二月　389

12月18日

凝视生活的留白

你的身体和灵魂必须长眠的一天总会到来。随着冬至的接近，最浓重的黑暗用静谧与阒寂将我们包裹。你的心或许渴望向内沉寂，暂时远离烦恼与压力，这也是理所当然的。你应该做做白日梦，凝视生活的留白。

不要把自己逼得太紧，这里包含着巨大的智慧。你应该放松下来。虽然你的应酬在这段时期或许比平时更多，但还是要给自己的心灵和身体空出一个休憩的地方。在你的日程表中将空闲时间标出来，这样，就没有什么事可以打扰到你了。最好请个假，好让新陈代谢慢下来，让压力逐渐缓解，也让你的精神与灵魂在没有任何计划的神圣空闲中得到滋养。

> **确立当日目标**
>
> 我要实践慢下来的智慧。我要停止推进和抗争。我要安排好时间，减慢步伐。我要休眠和蛰伏，以捍卫自己休息和反思的时间。

12月19日

和平相处

与自己和平相处,能够让你在家中得到满足,与和你生活在一起的人共建和谐。耶稣说过:"住在同一幢房子里的两个人若能和睦,他们对山说'从这里挪开',山便会挪开。"

抓住怨恨和糟糕的情绪不放,对你没有任何好处。无论你的小我在说什么(小我总觉得自己有权愤愤不平),都请把你的注意力转移到内心,因为你的内心对争出对错和以牙还牙完全不以为意。看着那个让你烦恼或不安的人,让平和由心而生。尊重你身边的每一个人,尽管他们有缺陷,也请放宽心,与对方和平相处。

混沌理论提出了蝴蝶效应的概念:在特定的条件下,亚马孙河流域的一只蝴蝶扇动翅膀,会在北美引起一场龙卷风。同样地,你内心的平静也会波及你的环境和更广阔的世界。

确立当日目标

我要承担起创造和平的责任,治愈内心仍处于战争状态的自己。和平从我的内心开始。

12月20日

成为和平的信使

即便你与他人存在分歧，共情能力也能让你透过对方的双眼看世界。此时，你的出发点是最高层次的自我，而非一心只想指责和迁怒于人的受小我驱动的"低层自我"。

作为一名心理医生，我知道人们会在受伤时变得不友善，这也是他们受伤的一种表现。"受伤的人会伤害别人"这句话我很赞同。当心情舒畅时，你不会想对人不友好。共情能力能让你选择不以防御的态度对待受伤的人，当然，你可以与这些人的行为划清界限。以共情之心对待他人，不一定能让你与对方建立起有效的沟通，但这是最有希望的途径。

如果想要和平，就成为和平的信使。想成为第一个拒绝分裂之心和极端思维的人，就要先敞开心扉，理解人类这个大家庭。用共情能力让和平真正有机会在你的生活中和这个世界上立足。

确立当日目标

我要超越感情的创伤，以共情之心对待他人。我将继续努力用我的心去赢得人们的信任，避免卷入冲突或针锋相对。

冬季

向内省察，感知真理

冬天欢迎你静下心，定下神，聆听自己的直觉。这个季节与水元素及其保存能量和创造宁静的特质息息相关。这是遁世和隐居之人的季节，很适合那些喜欢隐居在自己的洞穴之中的高敏感人士。你也可以在室内的壁炉前舒适地蜷起身子，在室外环境中裹上暖和的衣服。

晦暗的冬季，寒风凛冽。树木减缓新陈代谢，进入休眠状态。熊和其他动物进入漫长的冬眠。同样，你也可以将注意力转移到内在能量的积累上。

高敏感人士大多对光线很敏感，因此冬天带来的一大挑战便是压抑的感觉——这是你的身体对日光减少做出的反应。此外，你也许会拒绝社交，感到孤单，或是因假期的人群、聚会和快节奏的生活而不知所措。在冬天的自然节奏与繁忙的世界之间找到平衡，是非常重要的。

冬至是这个季节的第一天。此时我们所处的这一半球的地轴离太阳最远，是一年中最黑暗的时刻。当白昼再次变长，光线便会逐渐增强。冬季鼓励你治愈自己的阴暗面，包括恐惧和自我怀疑。这是一个令人振奋的季节，因为它会将你引向内心深处，让你反思自己的进步和需要改进的领域。我非常喜欢在十二月对自己进行全面审视，这不仅能让我对生活做一次复盘，也能让我带着更清晰的思路迎接下一年的到来。

12月21日

迎接黎明

在荣格心理学中，阴影指的是人格中较为黑暗的部分。每个人都有阴暗面。带着仁爱之心面对你心中的恐惧、愤怒，甚至充满恶意和怨气的部分，这样，你便能将这些情绪驯服和化解。

在冬至，也就是一年中黑夜最长的一天，反思你从阴影中学到了什么。你有没有在抑郁时寻找希望？有没有在焦虑中善待自己？是否能对有虐待倾向的关系勇敢说"不"？请肯定你面对阴暗面的勇气，也意识到你已取得的进步。

冬季的阴冷氛围可以推动你深入内心进行探索。外界的黑暗并不意味着你内心的光明也随之消失。正如阿尔贝·加缪所写："在隆冬岁月，我发现，在我的心中，有一个不可战胜的夏天。"新的黎明的第一缕阳光即将洒下。

确立当日目标

我不会害怕或逃避自己的阴暗面。我要探索自己的阴暗面，也要汲取它给我的教训，变得更加圆融无碍。

12月22日

照亮黑暗

照亮黑暗,是这一季节的主题。你可以重新燃起内心的火焰。哪怕这团火曾暂时熄灭,哪怕你曾对自己或人生失去兴趣,这也都不重要。你现在可以重新点燃内心的火焰,发誓忠于善良,并与黑暗的所有化身斗争。

今天,你可以做一些特别的事情来向光明致敬。在你的壁炉中燃起熊熊火焰,点上蜡烛,感谢太阳的光亮。带着无声的崇敬,仔细感受内心的光芒,感受它的温暖和光明。你的内心之光是没有局限的,让你的心灵与之连通,变得更加强大。

确立当日目标

如果内心的火焰已经暗淡,我总能将它重新点燃。我要专注于自己的光芒与优势。我要在生命中创造无限光明。

12月23日 用心付出

用心付出能让人心情舒畅。能带来满足感的付出方式有很多，无论是在节假日还是平时，你都可以将时间、情感或实物给予他人。此外，你还可以匿名为有意义的事业捐款。或者，你也可以像我一样把零钱留在公共场所，比如办公室的饮水机旁或是公园里，让发现的人感到自己受了好运的眷顾。这种匿名付出的方式，可谓趣味无穷。

对我来说，简单而真挚的礼物要比浮华的礼物更有意义，比如一株小小的植物、几根蜡烛、神谕卡、动人的音乐或一首诗。你不用花太多的钱，也不必付出太多，只需考虑你送的礼物是否能引起对方的共鸣。

给别人送礼物时，我总会将礼物在手里握一分钟，为它灌注爱的能量，从而增强积极的气场。礼物会将这些美好的感觉吸收，收到礼物的人打开包装时，便会受到爱的洗礼。你也可以尝试这种做法。当你送出一份灌注了爱的礼物时，它就会成为一份有灵魂的赠礼。

> **确立当日目标**
>
> 我会将付出视为一种与他人或某项事业分享爱和正能量的机会。每次付出，我都会全心全意。

接受奇迹

奇迹的恩典无处不在。花时间去感受和吸收，用心去看，奇迹就在你的眼前。它存在于日常生活的小小奇观中，也存在于宏大愿望成真之时。不要过于成熟或冷静，从而遗失你的天真。你越相信奇迹，它就越有可能成真。希望和精神启迪能够给我们带来恩泽，请敞开胸怀去拥抱这个世界。

确立当日目标

我要准备好接受来自宇宙的福音。我要敞开胸怀，接受生活中出现的奇迹。

12月25日

唤醒爱的力量

人类对爱的信仰是不可阻挡的。

让今天代表爱的重生。当一切陨落之时，爱会喷薄而出。当悲伤占据你的心灵时，希望的微光也会重新出现。我们并非一无所有。爱比仇恨、积怨或沮丧更加强大。爱是化解内心中和世界上所有战争的利器。爱是让原子和夸克振动起来的力量。如果没有宇宙慈悲能量的推动，一切都会陷入死寂。

唤醒你心中的爱吧。化解你的怨恨，拥抱美好的希望。不要总是回望过去，要看到未来的光明和希望。一次次地爬起来，肯定地告诉自己："我发誓要爱自己，也要将爱传播至整个世界。我能够克服恐惧和不安。我的爱永远不会停止。"

确立当日目标

我站在爱的脚下，向爱鞠躬献礼。我要歌颂爱，体现和实践爱的准则。爱即一切。

宽容的恩典

宽容让你带着悲悯之心打消惩罚他人或自己的执念。这是一种优雅的姿态，是你无法强加给自己或佯装出来的。宽恕改变的不是过去，而是未来。

找到一个让你恼怒或伤害过你的人（也可以是你自己），以此开始你的宽容之旅。在这里，没有捷径可走。将你的真实情感记录下来，不要压抑自己的痛苦、愤怒或失望。你也许会因为自己的敏感而自卑。将你所有情感都发泄出来，然后，在内心请求更高能量帮助你体验宽容，这与其说是为了别人，不如说是为了自己。一味责怪和挣扎，只会让你身心俱疲，失去重心。

12月26日

确立当日目标

我不会让自己被怨恨压垮。我要让宽容的治愈力量净化我，让我重生。

12月27日

回顾与复盘

回顾你今年的经历，你便会以清晰的目光和同情之心来看待作为高敏感人士的人生之旅。

反思你经历的进步与挑战。你的情绪高潮有哪些？你是否尊重了自己的敏感之心？是否克服了自卑？是否与同事划定了友善但明晰的界限？你有没有交到新朋友或者到富有异国情调的地方去旅游？以感激之心看待这些进步。

然后，回顾你面临的挑战。你失去了什么，又为什么黯然神伤？你在何时屈服于恐惧？又在何时忽略了自己的直觉或忘记了践行自我关怀？你是否违背了诺言，至今仍未道歉？人人都会犯错，但直面错误有助于清除恶业，亡羊补牢也能让你不再重蹈覆辙，并将错误的后果最小化。带着爱意去评价你经历过的一切，并为新的一年设定积极的目标。

确立当日目标

我要对过去一年的生活做一次彻底的回顾。我不必做到完美无缺或无可挑剔，我会从错误和成功中汲取经验，以便成长和进步。

12月28日

守护地球

　　作为一个强大的高敏感人士，你是温柔和坚强的结合体。你对自己的信念坚定不移，但也能在必要时做出让步。你勇敢地开拓自己的道路，即使有无数声音在强迫你转换方向或不要相信自己。你不会听从这些恶言，而是忠于自己的真理。

　　由于你心地善良，你将是地球的守护者——贪婪之人根本不适合这份工作。毫无疑问，你会好好对待她，你那慷慨的天性，掌握着人类和地球这颗伟大行星持久昌盛的秘密。

确立当日目标

我要信赖我的敏感天赋，我要接受作为爱之使者的责任。要改变世界，就要先改变我自己。

12月29日

一切都会越来越好

"一切都好,而且会越来越好"——你可以用这句口诀来释放所有的忧虑和恐惧。在安静的时刻,在内心默念"一切都好",或是轻声低吟,这是个让人神清气爽的练习。

你不必担心或害怕,你可以放下各种担忧和焦虑。当你遇到障碍和恐惧时,让持续的呼吸带你渡过难关。不要向这些情绪输送任何能量。对你的直觉和所有敏感力量保持开放。你的成长过程已然展开,用喜悦去面对你的命运和生活,你就会发现一切都很好,而且会越来越好。

确立当日目标

我热切期盼生命即将带来的赠礼以及作为高敏感人士持续不断的学习和成长。我要专注于未来的光明和前方的惊喜。

12月30日

梦想成真

作为一位高敏感人士，你对来年有什么期待？

我梦想和平与宁静。我梦想冒险，也梦想安居家中。我热爱独处，也热爱与你共处。当我能够将自己真正的需求表达出来时，一切都会顺风顺水。心情黯淡时，我不会佯装快乐。我也不会梦想置身于一个嘈杂而疯狂的世界，在那里，我听不到内心的声音。我梦想的，是能够安心地做自己，没有担心，也没有烦恼。我梦想着能够自由幻想，也梦想得到自己应得的东西。无论实现与否，你最喜欢的梦想是什么？给予自己幻想一切可能性的自由。

让爱和灵感成为你的推动力。不要让任何事情阻碍你构想更加充实的生活方式。另外，也请思考有什么东西是你不想得到的。你想避免什么？哪些习惯是你不愿重复的？将你内心所有的渴望表达出来。你的前途正向你展开，全新的可能性即将展现。带着希望、畅想和喜悦，用梦想开启新的一年。

确立当日目标

我要永远给自己做梦的空间。我的梦想真切而诚挚。我会让我的梦想成为现实。

12月31日

绽放勇者的光芒

在觉醒的旅途中,你已经走了这么远。作为一名勇士,你已变得更加强大和自信。你已能够将自己敏感的力量体现出来,不必再隐藏你的天赋了。

认识到自己是个高敏感人士,会带来翻天覆地的变化。请留心你的生活如何因这个启示而变得更加美好。每当你倾听直觉的声音、表达敏感或共情的需求并实践自我关怀时,请为自己的进步摇旗呐喊。不断拓展培养和呵护自己敏感之心的方法。当你在人海中穿行时,不断学习如何变得更加专注和自信。自我关怀是一个神圣的过程,需要用一生不断完善。

作为高敏感人士,我们共同发出的光芒照亮了彼此。我们是叛逆者、局外人、个人主义者和敢于打破常规的人。你的温柔和关怀能够穿透这个冷酷的社会,为新晋的高敏感人士树立一个榜样,并为他们指明道路。让我们一起踏上这少有人走过的路,互相支持,把爱与理解赋予我们自己,也带给整个世界。

> **确立当日目标**
>
> 我要带着谦恭接受敏感的力量。我要绽放光芒,成为仁慈与善意的使者。